G. Adolf Deissmann

Neue Bibelstudien

Sprachgeschichtliche Beiträge zumeist aus den Papyri und Inschriften

G. Adolf Deissmann

Neue Bibelstudien
Sprachgeschichtliche Beiträge zumeist aus den Papyri und Inschriften

ISBN/EAN: 9783743495340

Hergestellt in Europa, USA, Kanada, Australien, Japan

Cover: Foto ©Lupo / pixelio.de

Manufactured and distributed by brebook publishing software
(www.brebook.com)

G. Adolf Deissmann

Neue Bibelstudien

Neue Bibelstudien.

Sprachgeschichtliche Beiträge,

zumeist aus den Papyri und Inschriften,

zur

Erklärung des Neuen Testaments

Lic. theol. G. Adolf Deissmann,

Pfarrer und Lehrer am Kgl. Theologischen Seminar zu Herborn.

Mit einer Abbildung im Text.

Marburg.

N. G. Elwert'sche Verlagsbuchhandlung.

1897.

ὁ δὲ ἀγρός ἐστιν ὁ κόσμος.

D. HANS HINRICH WENDT

zum

Geburtstage 1897.

Inhaltsübersicht.

Vorwort.

Der Titel *Neue Bibelstudien* weist zurück auf meine früher erschienenen *Bibelstudien*.[1] Die hier S. 55—168 gegebenen »Beiträge zur Sprachgeschichte der griechischen Bibel« setze ich in dem vorliegenden Hefte für das Neue Testament fort. Derartige Untersuchungen auch fernerhin anzustellen, ist meine Absicht: sie sollen — *sub conditione Jacobea* — dereinst zu einem Wörterbuch zum Neuen Testament führen.

Ein Teil der folgenden Artikel war bereits im Manuskript abgeschlossen, als BLASS' Grammatik des Neutestamentlichen Griechisch erschien. Zu ihren Aufstellungen habe ich mich bei den betreffenden Artikeln in Nachträgen kurz geäussert; bei den übrigen aber ist im Texte selbst auf die neue Grammatik Bezug genommen, wo ich es für geboten hielt.

Die citierten Stellen der Inschriften und Papyri habe ich immer mit möglichst genauer Zeitangabe versehen. Dabei schwankte ich zuerst, ob ich die überaus zahlreichen Papyrusstellen, die bis auf Monat und Tag zu datieren sind, nicht auch immer so citieren solle. Würde man dieses Verfahren konsequent durchführen, so würde zweifellos der Eindruck der frischen Unmittelbarkeit und Ursprünglichkeit dieser Zeugnisse wesentlich verstärkt werden. Aber es wäre auf die Dauer doch ein sehr umständliches Verfahren, namentlich da, wo die Citate sich häufen. So habe ich denn nur einige wenige Stellen, die sich am ersten dafür eigneten, mit

---

[1] Bibelstudien. Beiträge, zumeist aus den Papyri und Inschriften, zur Geschichte der Sprache, des Schrifttums und der Religion des hellenistischen Judentums und des Urchristentums. Mit einer Tafel in Lichtdruck. Marburg. N. G. Elwert'sche Verlagsbuchhandlung. 1895.

Monats- und Tagesdatum versehen. Der Leser wolle sich aber erinnern, dass die Mehrzahl der mit Jahresangabe citierten Papyrusstellen bis auf den Tag genau datiert werden kann.
Die Arbeit ist in den mir nicht übermässig reichlich zugemessenen Mussestunden des letzten Jahres entstanden. Blicke ich auf diese Zeit zurück, so muss ich mit dem Gefühle wärmster Dankbarkeit der freundlichen Unterstützung durch mehrere Gelehrte gedenken, deren Namen ich da nenne, wo sie mir ausgeholfen haben. Dass infolgedessen die Arbeit an einigen Stellen den Charakter eines Eranos trägt, wird ja der Sache selbst nur dienlich sein. Mir ist hier in der Stadt Georg Pasor's, des ersten neutestamentlichen Lexikographen, vieles nicht ohne weiteres zugänglich, da unsere Seminarbibliothek naturgemäss mehr mit »theologischer« Litteratur — und selbst mit dieser nur ungenügend — versehen ist. Um so mehr schätze ich die ausserordentliche Liberalität, deren ich mich vonseiten der Verwaltung der Königlichen Universitätsbibliothek zu Marburg erfreuen durfte. Und wo es sich um nicht verleihbare Werke, wie z. B. die grösseren Inschriftensammlungen, handelte, besorgte mir in einer ganzen Anzahl von Fällen Herr Dr. Paul Jürges in Marburg Citate und dergleichen mit der bewährten Zuverlässigkeit des Freundes. Er half nebst Herrn Kand. Heinrich Brede in Hofgeismar auch wieder bei der Korrektur[1]; ich sage beiden Mitarbeitern auch hier meinen herzlichen Dank.
Das ist viel Dank, und was ich nachher darbieten kann, sind doch nur wenige Blätter. Aber ich möchte nicht zu denen gehören, von welchen Jesus der Sohn Sirachs aus Jerusalem sagt: πολλοὶ ὡς εὕρεμα ἐνόμισαν δάνος.
Herborn (Bezirk Wiesbaden), den 28. Mai 1897.

G. Adolf Deissmann.

---

[1] Wörtliche Citate sind in ihrer formellen Eigenart belassen. — Ich bitte die, welche sich daran stossen, um Entschuldigung, dass der Artikel χάραγμα aus der strengen alphabetischen Reihe geraten ist.

In der dritten Abhandlung meiner Bibelstudien hatte ich die weit verbreitete Meinung zu berichtigen gesucht, dass das Neue Testament sprachlich eine Einheit und eine Individualität darstelle. Die meist lexikalischen Artikel dieser Abhandlung dienten sodann der Begründung der These, dass ein sprachgeschichtliches Verständnis der neutestamentlichen (und schon der Septuaginta-) Texte nur erzielt werde, wenn sie in ihren sprachgeschichtlichen Zusammenhang gestellt, also als Denkmäler des späteren Griechisch gewertet würden.

Friedrich Blass hat sich in seiner Anzeige meines Buches[1] zu dieser Fragestellung folgendermassen geäussert:

»Die dritte Abhandlung geht wieder[2] von allgemeinen Betrachtungen aus, deren Ziel ist, dass man Unrecht thue, eine neutestamentliche oder auch eine biblische Gräcität als etwas Gesondertes und Isolirtes anzusehen, während die Papyrusurkunden und Inschriften wesentlich gleichartig seien und ebenfalls zum ,Buch der Menschheit" gehörten, dem man ,Pietät" schuldig sei.[3] Uns scheint dies mehr naturalistisch als theologisch geredet;

---

[1] ThLZ XX (1895) 487.

[2] Dieses *wieder* bezieht sich auf eine vorhergehende Bemerkung, wonach Blass mir meine »allgemeinen, nicht immer kurzen Betrachtungen gern geschenkt« hätte.

[3] Hier ist Blass das Opfer eines Missverständnisses geworden. Ich habe Bibelstudien 78 f. gesagt, wenn man Beobachtungen aus den Inschriften zur neutestamentlichen Sprachgeschichte anstelle, folge man nicht nur der Stimme der Wissenschaft, »sondern auch den Geboten der Pietät gegen das Buch der Menschheit«. Das *Buch der Menschheit* ist das Neue Testament. Ich vertrete die Ansicht, dass jeder, auch der kleinste wirkliche Beitrag zum geschichtlichen Verständnis des N. T. nicht nur wissenschaftlichen Wert hat, sondern auch aus Ehrfurcht gegen das heilige Buch bewillkommt werden muss. Man kann die Bibel durch nichts höher ehren, als durch eine möglichst getreue Erfassung ihres buchstäblichen Sinnes.

1

doch abgesehen hiervon bleibt es unanfechtbar, dass innerhalb des griechischen Schriftthums die neutestamentlichen Bücher eine besondere, zunächst aus sich zu erklärende Gruppe bilden, einmal des eigenthümlichen Geistes wegen, und zweitens weil sie allein oder fast allein uns die damalige Volkssprache im Gegensatz zur literarischen zwar nicht ganz, aber doch leidlich unverfälscht und in Stücken grossen Umfanges darstellen. Hieran ändern auch alle Papyrus nichts, und wenn ihrer noch viel mehr würden: der Geist und damit der innere Werth geht ihnen ab, und dazu sind sie zu einem beträchtlichen Theile in Kanzleisprache oder Buchsprache verfasst. Eine vollkommen isolirte Stellung des N. T. wird ja wohl kein Mensch behaupten, noch anders als denkbar sein, wenn eine seltsame Wendung einmal durch die Parallele in einem Papyrus Licht und Klarheit empfängt. Man thut aber wohl, seine Erwartungen nicht zu hoch zu spannen.«

Ich muss gestehen, dass ich von philologischer Seite diesen Widerspruch nicht erwartet hatte.[1] Jedenfalls haben die Einwendungen eines auch in theologischen Kreisen so bekannten Gräcisten ihren Eindruck auf mich nicht verfehlt. Sie legten mir nahe, meine These nochmals gründlicher zu durchdenken und ihre Stichhaltigkeit in der Kleinarbeit der Einzelforschung zu erproben. Aber je mehr ich Gelegenheit hatte, nichtlitterarische griechische Texte der römischen Kaiserzeit zu lesen, um so deutlicher sah ich mich in die Notwendigkeit versetzt, den Antithesen des Hallischen Gelehrten zu widersprechen.

Inzwischen hat BLASS seine Grammatik des Neutestamentlichen Griechisch[2] erscheinen lassen. Wie zu erwarten war, nimmt er in der Einleitung Stellung zu der ganzen Frage. Man wird das Erstaunen begreiflich finden, mit dem ich S. 2 folgendes las:

».. ganz rein, viel reiner noch als selbst im NT., tritt die gesprochene Sprache in ihren verschiedenen Abstufungen (deren natürlich auch sie gemäss Stand und Bildung nicht entbehrte) in den privaten Aufzeichnungen hervor, deren Zahl und Bedeutung durch die sich mehrenden Funde Aegyptens in fortwährendem Steigen begriffen ist. In diesen Zusammenhang also lässt sich die neutestamentliche Sprache mit allem Rechte ein-

---

[1] Erst später sah ich, dass BLASS schon vorher ThLZ XIX (1894) 338 gelegentlich die Äusserung gethan hatte, das neutestamentliche Griechisch sei »als ein besonderes, seinen eigenen Gesetzen folgendes anzuerkennen«.

[2] Göttingen 1896.

gliedern, und wer oine Grammatik der damaligen Volkssprache schreibt, auf Grund aller dieser verschiedenen Zeugnisse und Denkmäler, verfährt vom Standpunkte des Grammatikers vielleicht richtiger, als wer sich auf die Sprache des N'l'. beschränkt.« ¹ Sehe ich recht, so hat BLASS mit diesen Sätzen seinen Widerspruch gegen meine These aufgegeben. Ich für mein Teil wüsste wenigstens nicht, was ich an den zuletzt citierten Worten auszusetzen hätte, oder worin sie sich von den Gedanken unterschieden, deren Richtigkeit BLASS seiner Zeit bestritten hatte. Wenn wir sodann in der Grammatik weiterlesen:

»Indessen die praktischen Erwägungen, von denen wir ausgingen, werden fort und fort eine solche Beschränkung auferlegen; denn es ist nicht gleichwertig, was ein beliebiger Aegypter in einem Briefe oder einer Verkaufsurkunde schreibt, und was die Männer des NT. geschrieben haben« —

so bedarf es meinerseits wohl kaum der Versicherung, dass ich die Richtigkeit auch dieser Worte an sich nicht bezweifele. Aus praktischen Gründen, wegen der Bedürfnisse des Bibel-studiums, wird es so bleiben, dass die sprachlichen Verhältnisse des Neuen Testaments und überhaupt der griechischen Bibel gesondert dargestellt werden dürfen, aber freilich nicht als die Erscheinungen eines besonderen, nach eigenen Gesetzen zu beurteilenden Idioms.

Der Gesichtspunkt des inneren Wertes des neutestament-lichen Gedankenmaterials übrigens, den BLASS auch noch in den citierten Worten der Grammatik betont, gehört nicht in diesen Zusammenhang. Dem Grammatiker muss es völlig einerlei sein, ob er *ἐάν* für *ἄν* im Neuen Testament oder in einer Faijûmer Verkaufsurkunde vorfindet, und der Lexikograph muss *κυριακός* in den heidnischen Papyri und Inschriften ebenso sorgfältig registrieren, wie bei dem Apostel Paulus.

Die folgenden Untersuchungen sind zum Teil in ein pole-misches Schema gebracht. Denn wenn ich auch durch BLASS' gegenwärtige Stellungnahme einer principiellen Auseinander-setzung mit ihm enthoben bin, so hat die sprachgeschichtliche Methode der biblischen Philologie doch der Gegner noch sehr viele.

---

¹ Hierzu verweist BLASS in der Anmerkung auf meine Bibelstudien 57 ff.

Ich denke hierbei zunächst an die unbewussten Gegner und verstehe darunter die, welche in den Einzelfragen der Exegese und auch der Textkritik unter dem Banne des »neutestamentlichen« Griechisch stehen, ohne je veranlasst gewesen zu sein, sich die ganze Sache einmal principiell zu überlegen. Zu ihnen rechne ich, bei grösster Hochschätzung seiner bleibenden Verdienste um die Sanierung der exegetischen Studien, den nicht mehr unter den Lebenden weilenden Bearbeiter der WILKE'schen *Clavis Novi Testamenti Philologica* WILIBALD GRIMM. Schon eine Vergleichung der zweiten[1] und der wenig veränderten dritten[2] Auflage seines Werks mit der englischen Bearbeitung durch JOSEPH HENRY THAYER[3] — dem besten, weil zuverlässigsten der mir bekannten Wörterbücher zum N. T. — lässt manche Schwächen nicht nur seiner Angaben, sondern auch seiner Methode erkennen. Sein Buch spiegelt den Stand der philologischen Forschung etwa der fünfziger und sechziger Jahre wieder. Die Meinung wenigstens von der specifischen Eigenart des neutestamentlichen Griechisch konnte damals mit einem grösseren Scheine von Recht vertreten werden, als heute: von allen damals bekannten Denkmälern des nichtlitterarischen und des späteren Griechisch waren die neutestamentlichen Texte allerdings wohl die charakteristischsten. Heute aber sind uns Quellen zu seiner Erforschung erschlossen, angesichts deren die sprachliche Isolierung des Neuen Testaments, auch die mehr verschämte, die über viele unserer Kommentarwerke einen Hauch ehrwürdiger Romantik verbreitet, den letzten Schein von Recht verlieren wird.

Zu den bewussten d. h. principiellen Gegnern rechne ich HERMANN CREMER. Sein Biblisch-theologisches Wörterbuch der Neutestamentlichen Gräcität[4] hat zur Grundlage den Gedanken der sprachbildenden Kraft des Christentums. Als sprachwissenschaftlicher Kanon wird dieser Gedanke zur Fessel der Forschung. Und er versagt ohne weiteres in der Formenlehre. Die hervor-

---

[1] *Lipsiae 1879.*
[2] Ebenda *1888* [im folgenden citiert *Clavis*[2]].
[3] Ich citiere die *Corrected Edition, New-York 1896.*
[4] 8. Auflage, Gotha 1895.

stechendste Eigentümlichkeit des »neutestamentlichen« Griechisch — nehmen wir einmal diesen Begriff hin — ist aber gerade die Formenlehre. Er versagt auch sehr häufig in der Syntax. Hier lassen sich viele sehr markante Erscheinungen mit dem besten Willen nicht isolieren. Die wenigen hebraisierenden Wendungen der originalgriechischen Bestandteile des Neuen Testaments [1] sind ein Accidens, welches den Grundcharakter seiner Sprache nicht wesentlich verändert. Es verhält sich mit ihnen ähnlich wie mit den Hebraismen der deutschen Bibel, die trotz mancher semitisch unterlegter Fügungen ein deutsches Buch ist. So bleibt nur das Lexikalische im engeren Sinne übrig, mit dem sich das CREMER'sche Buch ja auch fast ausschliesslich beschäftigt. Bei vielen (nicht bei allen, auch nicht bei allen wichtigeren) Artikeln zeigt sich hier mehr oder weniger deutlich die Tendenz, neue »biblische« resp. »neutestamentliche« Wörter oder neue »biblische« resp. »neutestamentliche« Bedeutungen alter griechischer Wörter zu konstatieren. Dass es »biblische« und »neutestamentliche« oder sagen wir besser von den griechischen Juden und Christen neugebildete Wörter und Bedeutungsabwandlungen gibt, ist unbestreitbar. Jede geschichtlich wirksame Kulturbewegung bereichert die Sprachen um neue Begriffe und erfüllt das alte Sprachgut mit neuem Gehalte. Wäre also der Grundgedanke CREMER's lediglich als religionsgeschichtliches Erkenntnismittel gemeint, dann wäre er annehmbar. Aber er wird nicht selten zum sprachgeschichtlichen Princip: nicht die Gedanken der alten Christen werden dargestellt, sondern ihre »Gräcität«. Sprachgeschichtlich orientiert ist ein Lexikon, wenn es zuerst immer die Frage zu beantworten sucht: Inwieweit haben wir für die einzelnen Wörter und Begriffe Anknüpfungspunkte im Sprachgebrauche ihres Zeitalters? CREMER fragt gern umgekehrt: Inwiefern unterscheidet sich der christliche Gebrauch von dem heidnischen? In zweifelhaften Fällen ist es m. E. das Natürliche, sich mit der Annahme des gewöhnlichen Sprachgebrauchs ohne weiteres zu

---

[1] Was im N. T. auf Übersetzungen zurückgeht, ist für sich zu betrachten.

begnügen; CREMER konstatiert hier gern etwas Sonderchristliches oder doch Sonderbiblisches.

Trotz des zum Teil polemischen Schemas sehen die folgenden Untersuchungen in der Polemik nicht ihren Hauptzweck. Sie wollen zum Verständnis des Neuen Testaments positives Material[1] aus den ungefähr gleichzeitigen Denkmälern des späteren Griechisch bieten[2] und an ihrem Teile beitragen zur Befreiung des Bibelstudiums aus den Schranken des Herkommens, zu seiner Verweltlichung im guten Sinne dieses Wortes. Sie nehmen damit etwa die Arbeit der emsigen Sammler von »Observationen« im vorigen Jahrhundert wieder auf. Weshalb die seitdem neu erschlossenen Beobachtungsgebiete gerade für die sprachliche Erforschung der griechischen Bibel so besonders wichtig sind, habe ich bereits früher ausgeführt und an Beispielen erhärtet.[3] Für die folgenden Blätter sind bearbeitet von Inschriftensammlungen die Inschriften von Pergamon[4] und die der Inseln des Ägäischen Meeres fasc. 1[5],

---

[1] Dass ich mich bei den Untersuchungen zur Orthographie und Formenlehre darauf beschränkt habe, das Material einfach mitzuteilen ohne Hinzufügung eines Urteils, wird mir kein Einsichtiger verargen. Nichts ist gefährlicher z. B. auch in der Textkritik, als aufgrund vereinzelter Beobachtungen allgemeine Urteile auszusprechen. Aber dem Forscher, der in den Problemen steht und die Zusammenhänge überschaut, wird solches Einzelmaterial hier und da einen Dienst leisten können.

[2] Umgekehrt enthält natürlich auch die griechische Bibel vieles, was das Verständnis der Inschriften und Papyri fördern kann.

[3] Bibelstudien 65—168, vgl. auch GGA 1896, 761—769 und ThLZ XXI (1896) 609—615.

[4] Altertümer von Pergamon herausgegeben im Auftrage des Königlich Preussischen Ministers der geistlichen, Unterrichts- und Medicinal-Angelegenheiten, Band VIII: Die Inschriften von Pergamon unter Mitwirkung von ERNST FABRICIUS und CARL SCHUCHHARDT herausgegeben von MAX FRÄNKEL, 1. Bis zum Ende der Königszeit, Berlin 1890, 2. Römische Zeit. — Inschriften auf Thon, Berlin 1895 [im folgenden citiert Perg. resp. FRÄNKEL].

[5] *Inscriptiones Graecae insularum Maris Aegaei consilio et auctoritate Academiae Litterarum Regiae Borussicae editae. Fasciculus primus: Inscriptiones Graecae insularum Rhodi Chalces Carpathi cum Saro Casi ... edidit FRIDERICUS HILLER DE GAERTRINGEN, Berolini 1895* [im folgenden citiert IMAe].

von Papyruspublikationen die Berliner Ägyptischen Urkunden
Bd. I und Bd. II Heft 1—9 [1], sowie die Papyri des Erzherzogs
Rainer Bd. I.[2]

Das Hauptaugenmerk richtete ich dabei auf das Lexikalische
und möchte ausdrücklich erklären, dass eine Nachlese inbezug
auf die Orthographica und die Formenbildung sich sicherlich
lohnen wird. Überhaupt bitte ich um recht genaue Nachprüfung.
Von dem Lexikalischen lasse ich nur das Wichtigste folgen.
Da mir der für die Erforschung der LXX notwendige Apparat
hier nicht zugebote steht, habe ich schweren Herzens von ihrer
Berücksichtigung fast völlig abgesehen; ich habe jedoch Grund
zur Annahme, dass gerade die Berliner und Wiener Papyri
trotz ihres jüngeren Alters für das Lexikon der LXX einen
ansehnlichen Ertrag abwerfen werden, und dass dasselbe namentlich von den pergamenischen Inschriften inbezug auf die Mak-
kabäerbücher gilt.

Man könnte sagen, die beiden Gruppen von Quellenwerken
seien von mir willkürlich zusammengeworfen. Aber das ist
doch nicht ganz der Fall. Sie repräsentieren Sprachdenkmäler
aus Kleinasien[3] und Ägypten, also aus den Gebieten, die für
das griechische Christentum mehr inbetracht kommen, als
andere. Und gewiss wird das Meiste, was sie enthalten, nicht
lokal begrenztes Gut gewesen sein.

Die Ausbeute aus den Papyri ist bei weitem grösser, als
die aus den Inschriften. Die Gründe liegen auf der Hand.
Fast könnte man sagen, die Verschiedenheit des Schreibmaterials bedinge jenen Unterschied. Der Papyrus ist ge-
duldig und dient intimen Zwecken, der Stein ist spröde

---

[1] Aegyptische Urkunden aus den Königlichen Museen zu Berlin herausgegeben von der Generalverwaltung Griechische Urkunden. Erster
Band, Berlin [beendigt] 1895; Zweiter Band, Heft 1—9, Berlin 1894 ff.
[im folgenden citiert BU].
[2] Corpus Papyrorum Raineri Archiducis Austriae Vol. I. Griechische
Texte herausgegeben von Carl Wessely, I. Band: Rechtsurkunden unter
Mitwirkung von Ludwig Mitteis, Wien 1895 [im folgenden citiert PER].
[3] Man denke nur an die Bedeutung von Pergamon für das ältere
Christentum.

und steht öffentlich vor aller Augen auf den Märkten, in
den Tempeln oder bei den Gräbern. Die Inschriften, besonders die längeren und offiziellen, nähern sich in ihrem Stile
oft der Litteratursprache und haben deshalb leicht etwas Ge-
suchtes und Geziertes. Was auf den Papyrusblättern steht, ist
viel ungekünstelter, denn es ist durch die tausenderlei Bedürfnisse und Situationen des täglichen Lebens der kleinen Leute
veranlasst. Zeigen auch die Rechtsurkunden einen gewissen
feststehenden Sprachgebrauch mit allem Formelkram der Schreib-
stube, so geben sich z. B. die vielen Briefschreiber und -schrei-
berinnen um so ungezwungener. Das gilt namentlich für alles
mehr Formelle. Für das Lexikalische gewähren auch die Inschriften einen Ertrag, der die Arbeit reichlich lohnt. Was erst
die umfassenden von mir noch nicht im Zusammenhange gelese-
nen Inschriftensammlungen alles bieten werden, das lassen die
gelegentlichen Funde ahnen, zu denen mich Citate bei FRÄNKEL
etc. geführt haben. Was können wir z. B. aus der einen Inschrift des Lykiers Xanthos [1] lernen!

Möchten die zahlreichen Denkmäler des Altertums, die
unser Zeitalter uns wiedergeschenkt hat, und die für andere
Gebiete der Wissenschaft bereits so erfolgreich bearbeitet worden
sind, immer mehr auch im Interesse der sprachgeschichtlichen
Erforschung der griechischen Bibel untersucht werden. Hier
ist Gelegenheit, *Thatsachen* zu ermitteln.

---

[1] Vgl. unten *sub* καθαρίζω, βιάζομαι, ἱλάσκομαι.

Zur Orthographie.

Die orthographischen Probleme der neutestamentlichen
Schriften sind äusserst verwickelt. Jedenfalls steht Eines fest:
es ist ein Wahn, wenn man nach einer »neutestamentlichen«
Orthographie forscht, — vorausgesetzt, dass man darunter die
von den Verfassern befolgte Originalschreibweise versteht. Man
kommt da höchstens auf Vermutungen inbezug auf einen einzelnen Autor; »das« Neue Testament kann wirklich nicht
Objekt der Forschung sein.[1] Ich möchte hierbei betonen, dass
ich mich — bei allem sonstigen Widerspruche — in diesem
Punkte in erfreulicher Übereinstimmung mit CREMER befinde,
der sich dagegen ausgesprochen hat, dass man etwa dem Lukas,
dem Paulus und dem Verfasser des Hebräerbriefes ohne weiteres
die gleiche Orthographie aufdränge.[2] Das nächste Ziel der
Untersuchung muss etwa dies sein, festzustellen, welche Schreibungen in der Kaiserzeit in Kleinasien, Ägypten etc. möglich
waren. Dabei ist natürlich von offenbaren Schreibfehlern ab-
zusehen. In dieser Hinsicht sollen die folgenden Beobachtungen
Material abgeben.

1. Vokalwandel.

a) Die Femininendung -*ία* für -*εία*.[3] Dass 2 Cor. 10₄
στρατίας (= *στρατείας*) und nicht *στρατιᾶς* gemeint ist,
sollte nicht länger bestritten werden. Es ist eigentlich überflüssig,
Belege dafür zu sammeln, dass *στρατεία* auch *στρατία* geschrieben

---

[1] Vergl. schon Bibelstudien 76. Gute Bemerkungen macht W. SCHMID
GGA 1895, 36 f.
[2] ²XIII (Vorwort zur 4. Auflage).
[3] WINER-SCHMIEDEL § 5, 13 c (S. 44), BLASS, Gr. S. 9.

werden konnte. Immerhin soll die Schreibweise der Faijûmer Papyri notiert werden. Feldzüge werden hier öfter erwähnt, da es sich in den Urkunden nicht selten um die Angelegenheiten von Soldaten oder Veteranen handelt. στρατεία schreiben PER Iₛ (83,84 n. Chr.), BU 140 ₁₁. ₂₂ (ca. 100 n. Chr.), 581 ₄. ₁₆ (133 n. Chr.), 256 ₁₆ (Zeit des Antoninus Pius), 180 ₁₆ (172 n: Chr.), 592 I₆ (2. Jahrh. n. Chr.), 625 ₁₄ (2./3. Jahrh. n. Chr.); στρατία schreiben 195 ₈₀ (161 n. Chr.), 448 [·· 161] ₁₄ (2. Hälfte des 2. Jahrh. n. Chr.), 614 ₈₀ (217 n. Chr.). Auch 613 ₂₂ (Zeit des Antoninus Pius), wo VIERECK στρατιαῖς hat, würde ich στρατίαις accentuieren.

b) Wechsel von α und ε. Von ἐγγραρεύω (Matth. 5 ₄₁ ℵ, Marc. 15 ₂₁ ℵ* B*) für ἀγγαρεύω[1] sagt TISCHENDORF zur letzteren Stelle, »quam formam in usu fuisse haud incredibile est, hinc nec aliena a textu«. Ein Papyrus des 4. Jahrhunderts zeigt ebenfalls die Schreibung mit ε im Substantivum: BU 21 III ₁₆ (Provenienz unsicher, 340 n. Chr.) ἐγαρίας. Δελματία 2 Tim. 4 ₁₀ C u. a. (Δερματία A) für Δαλματία[2] soll nach WINER-SCHMIEDEL § 5,20 c (S. 50) »wahrscheinlich alexandrinisch, vielleicht aber auch ursprünglich« sein. BU 93 ₇ (Faijûm, 2./3. Jahrh. n. Chr.) bietet ε in δελματική, PER XXI ₁₆ (Faijûm, 230 n. Chr.) dagegen schreibt δαλματική. Eine »alexandrinische« Schreibung dürfte kaum festzulegen sein.

c) Die Kontraktion von ιει = ii in langes ι[3] findet sich in den (neutestamentlichen) Fällen ταμεῖον und πεῖν auch in den Papyri. Ταμεῖον las ich nur einmal BU 106 ₆ (Faijûm, 199 n. Chr.), sonst immer[4] ταμεῖον: PER I ₁₈. ₂₀ (83/84 n. Chr.), BU 75 II ₁₂ (2. Jahrh. n. Chr.). 15 II ₁₆ (197 n. Chr.?), 156 ₆ (201 n. Chr.), 7 I ₈ (247 n. Chr.), 8 II ₈₀ (248 n. Chr.), 96 ₈ (2. Hälfte des 3. Jahrh. n. Chr.). Πεῖν steht BU 34 II ₇. ₁₇. ₂₂. ₂₈,

---

[1] WINER-SCHMIEDEL § 5, 20 c (S. 50). BLASS, Gr. S. 21.
[2] »Auch im Lat. kommt Delm. neben Dalm. vor« (BLASS, Gr. S. 21). P. JÜNGKS verweist mich noch auf den Exkurs CIL III 1 p. 280.
[3] WINER-SCHMIEDEL § 5, 23 b (S. 53 f.). BLASS, Gr. S. 23.
[4] Alle citierten Papyri sind aus dem Faijûm.

III ₂, IV ₈. ₁₀ (Ort und Zeit?), πῖν ebenda IV ₂₅ [1] und noch BU
551 ₆ (Faijûm, arabische Zeit).

2. Konsonantenwandel.

a) Verdoppelung. Das Winer - Schmiedel § 5, 26 c

(S. 56 f.) gegebene Material zu ἀρραβών ist zu vermehren:
ἀρραβών fand ich nur BU 240 ₆ (Faijûm, 167/168 n. Chr.) [2],
ἀραβών dagegen BU 446 [= 80] ₅. ₁₇. ₁₈ (Zeit des Marc Aurel),
ziemlich gut geschriebener Kontrakt), (Zeile ₂₆ derselben Urkunde, in der eigenhändigen mangelhaften Unterschrift des
einen Kontrahenten, steht sogar ἀλαβών), 601 ₁₁ (Faijûm, 2. Jahrh.
n. Chr., schlecht geschriebener Privatbrief), PER XIX ₉. ₁₆. ₂₁. ₂₄
(Faijûm, 330 n. Chr., gut geschriebene Prozessurkunde). Die
durch ihre generelle Bestimmtheit ohnehin verdächtige Behauptung von Westcott und Hort, ἀραβών sei bloss »abendlän-
dische« Lesart, wird nicht zu halten sein. Ich möchte übrigens
auch zu Winer-Schmiedel's Behauptung, die Schreibung ἀρραβών sei durch den hebräischen Ursprung des Wortes »gesichert« [3],
ein methodologisches Fragezeichen machen. Gesichert wäre sie
nur dann, wenn bei allen denen, die das Wort gebrauchten,
ein korrektes etymologisches Urteil vorausgesetzt werden müsste. [4]

---

[1] Der Herausgeber dieser Urkunde F. Krebs bemerkt S. 46 unrichtig:
»πεῖν = πίνειν«. Auf die Papyri hat hierzu und zu anderen Einzelheiten
bereits W. Schmid GGA 1895, 26—47 aufmerksam gemacht.

[2] Auch Blass, Gr. S. 11 verweist auf diese Stelle.

[3] Ähnlich sagt Blass, Gr. S. 11, die Verdoppelung sei im Semitischen
»begründet«.

[4] Bei Eigennamen wird die Sache noch klarer. »Gesichert« ist, von
etymologischen Erwägungen aus, z. B. zweifellos Ἀρέθας als Name der
nabatäischen Könige; die Inschriften und sonstigen alten Zeugen dagegen
bieten meines Wissens alle Ἀρέτας, und so kann es nicht den geringsten
Bedenken unterliegen, 2 Cor. 11 ₃₂ Ἀρέτα für »gesichert« zu halten. Höchstwahrscheinlich ist (nach der schönen Vermutung von Schürer, Gesch. d.
jüd. Volkes im Zeitalter Jesu Christi I, Leipzig 1890, 619) für diese
Schreibung das Bestreben massgebend gewesen, den barbarischen Namen
durch Angleichung an ἀρετή zu hellenisieren. — Bei Ἰωάνης stellt sich
übrigens auch Blass, Gr. S. 11 auf diesen Standpunkt.

Aber wir können nicht sagen, durch welche Erwägungen sie
sich in orthographischen Dingen leiten liessen. Dass die Schreibung *ἀραβών* recht verbreitet gewesen ist, kann nicht mehr
bezweifelt werden. Wer weiss, ob nicht dieser oder jener das
ungriechische Wort z. B. mit den *Arabern*[1] zusammengebracht
hat? Eine solche volkstümliche Tradition kann im einzelnen
Falle leicht einmal die vom Standpunkte unserer Erkenntnis
aus angestellten etymologischen Erwägungen hinfällig machen
und uns veranlassen, eine etymologisch »falsche« Schreibung
für »gesichert« zu halten.

γέννημα und *γένημα*. Die Schreibung mit einem einzigen *ν* und demgemäss die Ableitung von *γίνεσθαι* war schon
durch die Ptolemäerpapyri gesichert.[2] Sie wird bestätigt durch
folgende Faijûmer Papyrusstellen aus den vier ersten christlichen Jahrhunderten, wo es sich überall um *Feldfrüchte*
handelt[3]: BU 197₁₈ (17 n. Chr.), 171₈ (156 n. Chr.), 49₆ (179
n. Chr.), 188₉ (186 n. Chr.), 81₇ (189 n. Chr.), 67₈ (199 n. Chr.),
61 I₈ (200 n. Chr.), 529₆ und 336₇ (216 n. Chr.), 64₆ (217
n. Chr.), 8 I₂₈ (Mitte des 3. Jahrh. n. Chr.), 411₆ (314 n. Chr.),
vergl. auch *γεντ,ματογραφεῖν* BU 282₁₉ (nach 175 n. Chr.).

Bei den bis auf *ν* (*ν*) gleichlautenden Formen von *γεννάω*
und *γίνομαι* ist ein Schwanken der Orthographie öfter bemerkt
worden[4]; so steht *γεντηθέντα* von *γεννάω* zweifellos auch in den
Papyri: BU 110₁₄ (Faijûm, 138/139 n. Chr.) und 28₁₆ (Faijûm,
183 n. Chr.). Beide Urkunden sind amtliche Geburtsanzeigen.
Dreimal dagegen steht in Bd. I der Berliner Papyri das »korrekte«
γεντηθείς. Für die Unsicherheit der Orthographie[5] charakteristisch ist BU 111 (Faijûm, 138/139 n. Chr.), wo Zeile ₂₁
ἐπιγεντήσεως, ₂₄ *ἐπιγεντήσεως* steht.

---

[1] Vergleiche oben *ἀλαβών* für *ἀραβών* mit dem bekannten *ἀλαβάρχης*
für *ἀραβάρχης*.
[2] Bibelstudien 105 f., vergl. BLASS, Gr. S. 11.
[3] Die Schreibung mit *νν* ist mir in den Papyri niemals begegnet.
[4] WINER-SCHMIEDEL § 5, 26 a (S. 56).
[5] Das orthographische Problem ist später zu einem dogmengeschicht-
lichen Streitpunkte geworden, vergl. A. HARNACK, Lehrbuch der Dogmengeschichte II³, Freiburg i. B. und Leipzig 1894, 191 f.

13

b) **Konsonantenwechsel.** Σμύρνα, Ζμύρνα.[1] Perg.
203 8. 11. 17 (vorchristlich) Σμύρνα, IMAe 148 1 (Rhodos, Zeit?)
Σμυρναῖος, 468 (Rhodos, Zeit?) Σμυρναῖος. Dagegen Perg. 1274
(2. Jahrh. v. Chr., vergl. Fränkel S. 432) Ζμυρναῖος, BU 1 11
(Faijûm, 3. Jahrh. n. Chr.) μύρου καὶ ζμύρνης.[2]
σπυρίς, σφυρίς. Die Ptolemäerpapyri haben beide
Schreibungen[3]; in den späteren Papyri aus dem Faijûm fand
ich zweimal das Deminutivum und zwar mit vulgärer Aspiration:
σφυρίδιον PER XLVII 5 (2./3. Jahrh. n. Chr.) und (vulgär ver-
kürzt)[4] σφυρίτιν nie BU 247 8. 4. 6. (2./3. Jahrh. n. Chr.).

---

[1] Vergl. Winer-Schmiedel § 5, 27 d (S. 59), Blass, Gr. S. 10.
[2] Vergl. auch BU 69 4 (Faijûm, 120 n. Chr.) νομίζματος.
[3] Bibelstudien 157.
[4] Inschriftliche Beispiele dieser Verkürzung bietet Fränkel S. 341.

II.
Zur Formenlehre.

Die neutestamentlichen Belege sind auch hier nur in den
seltensten Fällen beigefügt, da sie an den citierten Stellen der
Grammatiken leicht gefunden werden können.

1. Deklination.

a) $\sigma\pi\epsilon\ell\rho\alpha\varsigma$ ist mir in den Papyri nicht aufgefallen; sie
scheinen immer $\sigma\pi\epsilon\ell\rho\eta\varsigma$[1] zu schreiben: BU 73,₂ (Faijûm, 135
n. Chr.), 136,₂₂ (Faijûm, 135 n. Chr.), 142,₁₀ (159 n. Chr.), 447
[= 26],₁₂ (Faijûm, 175 n. Chr.), 241,₈ (Faijûm, 177 n. Chr.).
Auch das von FRÄNKEL S. 235 beigebrachte inschriftliche Ma-
terial zu $\sigma\pi\epsilon\ell\rho\alpha$ für *Thiasos* aus Italien und Kleinasien zeigt
im Genetiv und Dativ η.

b) Der Genetiv $\dot{\eta}\mu\ell\sigma\sigma\nu\varsigma$[2] steht PER XII,₆ (93 n. Chr.),
BU 328 II,₂₂ (138/139 n. Chr.), PER CXCVIII,₁₇ u.ₐ. (139 n. Chr.),
BU 78,₁₁ (148/149 n. Chr.), 223,₆ f. (210.211 n. Chr.), PER
CLXXVI,₁₂ (225 n. Chr.); sämtliche Papyri sind aus dem
Faijûm. Eine wegen des Genetivs $\tau o\tilde{\nu}$ $\dot{\eta}\mu\ell\sigma\sigma\nu$ bei LXX[3] be-
merkenswerte Form steht BU 183,₄₁ (Faijûm, 85 n. Chr.) $\ddot{\eta}\mu\iota\sigma\sigma\nu$
$\mu\dot{\epsilon}\rho o\varsigma$. Es kann dies ein Schreibfehler sein, (Zeile ₉₁ schreibt
korrekt $\ddot{\eta}\mu\iota\sigma\sigma\iota$ [$\sigma\iota = \nu$] $\mu\dot{\epsilon}\rho o\varsigma$,) aber wahrscheinlicher ist,
dass eine in Agypten gebräuchliche vulgäre Bildung $\ddot{\eta}\mu\iota\sigma\sigma\varsigma$
auch hier vorliegt.

---

[1] WINER-SCHMIEDEL § 8, 1 (S. 80 f.); BLASS, Gr. 8. 25 bietet andere
Belege aus den Papyri.
[2] WINER-SCHMIEDEL § 9, 6 (S. 87), BLASS, Gr. S. 27.
[3] WINER-SCHMIEDEL § 9, 6 (S. 87) Anm. 4. Hier wird dazu bereits
der Papyrus *Notices* XVIII 2, 230 (154 n. Chr.) citiert.

c) *δ ύ o.*[1] Beachtenswert in den Faijûmer Papyri sind folgende Formen[2]: *δύω* BU 208₄ (158/159 n. Chr.), *δνῶν* BU 282₂₆ (nach 175 n. Chr.), *δνεῖν* BU 256₆ (Zeit des Antoninus Pius), *δνσί* BU 197₆ (17 n. Chr.), PER CCXLII₁₀ (40 n. Chr.), I₇ (83/84 n. Chr.), BU 538₆ (100 n. Chr.), 86₆ (155 n. Chr.), 166₇ (157 n. Chr.), 282₁₀ (nach 175 n. Chr.), 326 II₇ (189 n. Chr.), 303₁₉ (586 n. Chr.).

2. Eigennamen.

Abraham ist grächsiert Ἄβραμος (wie bei Josephus) BU 585 II₈ (Faijûm, nach 212 n. Chr.) Πααβῶς Ἀβράμου, dagegen in Faijûmer Urkunden aus christlicher Zeit Ἀβραάμιος 395₇ (599/600 n. Chr.), 401₁₆ (618 n. Chr.), 367₆ u. δ. (arabische Zeit) und nicht grächsiert Ἀβραάμ 103 Verso₁ (6./7. Jahrh. n. Chr.). Ἀκύλας. Als Genetiv gibt *Clavis*[3] 16 fürs N. T. ohne weiteres Ἀκύλου an, obwohl ein Genetiv hier nicht vorkommt. Die Faijûmer Papyri bieten sowohl Ἀκύλου BU 484₆ (201/202 n. Chr.), wie Ἀκύλα 71₉₁ (189 n. Chr.). — Der Name des in der zuletzt genannten Urkunde vorkommenden Veteranen C. Longinus Aquila wird 326 II₁₉ (Ende des 2. Jahrh. n. Chr.) Ἀκύλας und in einem dabei citierten Fragment eines Duplikates derselben Urkunde Ἀκύλλας geschrieben; diese Verdoppelung des λ ist auch neutestamentlichen Handschriften nicht fremd.[8] Ἀντίπα[τρο]ς. Nicht ganz ohne Interesse ist, dass der Apoc. Joh. 2₁₃ von einem Pergamener vorkommende Name sich noch im Anfang des 3. Jahrh. n. Chr. in Pergamon findet: Perg. 524₉ (nicht älter als die Zeit des Caracalla ?) [Ἀ]ντιπάτρου. Βαρναβᾶς. Bibelstudien 178 habe ich die Vermutung ausgesprochen, dass der Name *Barnabas*[4] durch Gräcisierung

---

[1] Winer-Schmiedel § 9, 11 (S. 90).
[2] Für Vollständigkeit kann ich nicht garantieren; ich habe erst spät auf diesen Punkt geachtet. Insbesondere habe ich keinen Überblick über den Gebrauch der gewöhnlichen Formen in den Papyri.
[3] Vergl. Tischendorf zu Rom. 16₃ und Act. Ap. 18₂.
[4] Vergl. jetzt A. Meyer, Jesu Muttersprache, Freiburg i. B. und Leipzig 1896, 47 f. und E. Nestle, *Philologica sacra*, Berlin 1896, 19 f.

des semitischen *Βαρνεβοῦς* [1] oder *Βαρναβοῦς* entstanden sei,
die durch Abwandlung der semitischen Endung -*οῦς* in -*ᾶς*
leicht vollzogen werden konnte.[2] Bei der Gräcisierung semitischer Eigennamen ist die Endung -*ᾶς* überhaupt sehr beliebt
gewesen; biblische Beispiele liegen zahlreich vor. Hier sei ein
entlegenerer, auch an sich beachtenswerter Fall notiert. Die
wahrscheinlich älteste der zu Pergamon gefundenen Inschriften
ist die nach dem Schriftcharakter ins 4. Jahrh. v. Chr. zu
setzende Weihinschrift Perg. 1 *Παρταρας 'Αθηναίηι.* »Der
griechischen Weihinschrift gehen zwei Zeilen voran, deren
Schrift ich nicht zu bestimmen vermag; doch kann kein Zweifel
sein, dass sie die Weihung in der Sprache des Dedikanten enthalten, der durch seinen Namen als Barbar gekennzeichnet ist.
Die fremde Schrift läuft von rechts nach links, da in dieser
Richtung sich als der Anfang der zweiten Zeile unschwer der
Name des Weihenden mit B geschriebenem Anlaut erkennen
lässt« (FRÄNKEL S. 1 zu der Stelle). Nicht erwähnt ist hier, was
jedenfalls nicht unbemerkt bleiben konnte, dass die »fremde«
Schrift wenigstens am (rechts stehenden) Anfang der zweiten
Zeile deutlich griechische Spiegelschrift ist; auch sonst finden
sich in dem verstümmelten Texte zweifellos griechische Buch-
staben. Man kann in den beiden ersten Zeilen den semitischen (?)
Text der Weihung in griechischer Spiegelschrift vermuten.
Der Steinmetz, der nach FRÄNKEL vielleicht mit dem Weihenden

---

[1] Der von mir gegebene inschriftliche Beleg für diesen Namen stammt
aus dem 3. oder 4. Jahrhundert n. Chr. P. JENSEN macht mich auf eine
weit ältere Stelle aufmerksam. Schon die aramäische Inschrift von Palmyra Nr. 78 vom Jahre 114 n. Chr. (bei M. DE VOOGÉ, *Syrie centrale,
Inscriptions sémitiques ...*, *Paris 1868*, p. 53) nennt einen *Barnebo*
(ברנבו).

[2] BLASS, ThLZ XX (1895) 488 hält diese Vermutung für völlig unmöglich.
Nach A. HILGENFELD, Berl. Philol. Wochenschr. 1896, 650 verdient sie
Beachtung, aber auch Prüfung. Ich halte, zumal BLASS seine Gegen-
gründe nicht genannt hat, an meiner Hypothese einstweilen in aller Ruhe
fest. Von zwei namhaften Semitisten weiss ich privatim, dass sie ihr
zustimmen. — Aus dem Genetiv *Βαρνα* CIG 4477 (Larissa in Syrien,
ca. 200 n. Chr.) darf wohl ein Nominativ *Βαρνᾶς* geschlossen werden.
Ich wage nicht zu entscheiden, ob dies eine Koseform von *Βαρναβᾶς* sein
kann (vergl. HEINRICI, MEYER V[6] [1896] 525).

identisch ist, hätte dann den semitischen (?) Text vor sich
gehabt, Buchstaben für Buchstaben griechisch umgeschrieben
und wäre dabei auf den originellen Gedanken gekommen, die
in semitischer Reihenfolge stehenden Buchstaben einzeln zu
verkehren. Doch ich kann mich hierin gründlich täuschen.
Sicher aber ist, dass der griechische Name *Παρταρας* in dem
»fremden« Texte mit zweifacher Abweichung *Βαρταρα* lautet.
Der auf *Βαρταρα* folgende Buchstabe kann kein Sigma sein;
die nicht griechische Form lautet *Βαρταρα*, nach allen Ana-
logieen ein mit בַּר *Sohn* gebildeter Personenname. Über die
Bedeutung des zweiten Bestandteils -ταρα wage ich nicht, etwas
zu behaupten[1]; der Name ist mir sonst noch nicht begegnet.
Durch Anfügung eines ς ist der Name gräcisiert, *Βαρταρᾶς*
oder, wie der Steinmetz will, *Παρταρᾶς*.[2]
Δορκάς. Die Belege[3] zu Act. Ap. 9₃₆.₃₉ erweitern sich
durch IMAe 569 (Rhodos, Zeit?).
Ἰσακ. Die in א und den beiden D fast durchgängig gebrauchte, in altlateinischen Übersetzungen oft vorauszusetzende
Schreibung *Ἰσακ* (für *Ἰσαακ*), die wohl auch der Gräcisierung
des Josephus *Ἰσακος* zugrunde liegt, findet sich PER XLIV₉
(Faijûm, 3./4. Jahrh. n. Chr.), wo ein *Αὐρήλιος Ἰσακ* vorkommt,
dann öfter in Faijûmer Urkunden aus christlicher Zeit: BU
305₆ (556 n. Chr.), 303₇ (586 n. Chr.), 47₆ und 173₈ (6./7. Jahrh.
n. Chr.).

3. Verbum.

a) Augment. *ἤνοίγην*[4] (Marc. 7₃₅, Act. Ap. 12₁₀, Apoc.
Joh. 11₁₉, 15₅): BU 326 II₁₀ (Faijûm, 194 n. Chr.) *ἠνύγη* [υ=οι],
von einem Testament.[5]

_____

[1] Aram. יֵרַךְ? Also *Sohn des Palastes*? Oder *Sohn des Therach*
(LXX Θαρρα und Θαρα, aber als Ortsname mit τ für ח Num 33₂₇ ₂₈.
Ταραϑ)?? — Der Beachtung der Semitisten sei auch der als Genetiv
stehende männliche Name *Βαργυλιωτα* der nicht datierten Inschrift von
Rhodos IMAe 114₄ empfohlen.
[2] Sonstige Fälle eines π für ב sind mir nicht bekannt. Die Accentuierung -ᾶς ist der von Fränkel gewählten *Παρτάρας* wohl vorzuziehen.
[3] Vergl. Wendt, Meyer III ⁶/⁷ (1888) 235.
[4] Winer-Schmiedel § 12, 7 (S. 103).
[5] Zur Lesung siehe Nachtrag S. 359.

b) **Konjugation.** *τέτευχα*[1] ist Hebr. 8₈ nicht übel
bezeugt; vgl. BU 332₆ (Faijûm, 2./3. Jahrh. n. Chr.) *ἐπιτετευ-
χότας*, vom Herausgeber unnötig in *ἐπιτετυχότας* verändert.
ἦξα[2] (Luc. 13₃₄, 2 Pe. 2₅, Act. Ap. 14₂₇ D): BU 607₁₆
(Faijûm, 163 n. Chr.) *κατῆξαι*.
ἔλειψα[3] (Act. Ap. 6₂, Luc. 5₁₁ D, Marc. 12₁₉ N, überall
im Kompositum *κατέλειψα*) steht auch in folgenden Faijûmer
Papyri: BU 183₁₉ (85 n. Chr.) *καταλείψῃ*, 176₁₀ (Zeit des
Hadrian) *καταλεῖψαι*, 86₇.₁₃ (155 n. Chr.) *καταλείψῃ*[4], 467₆
(ohne Ortsangabe, ca. 177 n. Chr.) *καταλείψας*, 164₁₃ (2./3.
Jahrh. n. Chr.) *καταλεῖψαι*. Auch bei den von BLASS angeführten Stellen Clem. 2 Cor. 5₁, 10₁ und Herm. Sim. 8, 3₆
steht dasselbe Kompositum, ebenso LXX 1 Chron. 28₉ und CIG
4137₃₆. (Montalub in Galatien, Zeit?); 4063₆₆. (Ancyra, Zeit?)
steht *ἐνκατάλιψε*. Möglich, dass der Gebrauch der Form sich
auf das Kompositum beschränkt.

ἡρπάγην[5] (2 Cor. 12₂.₄) findet sich auch in dem Fragment eines auf den jüdischen Krieg Trajans bezüglichen Schrift-
stückes[6] BU 341₁₃ (Faijûm, 2. Jahrh. n. Chr.). Dort steht nach
der verbesserten Lesung auf S. 359 des Bd. I *ἡρπάγησαν*.

**Die Ausstattung des 2. Aorist mit Endungen
des 1. Aorist**[7] ist in den Papyri natürlich sehr häufig. Ich
notiere zu

ἐγενάμην: PER I₉₆ (Faijûm, 83/84 n. Chr.) *γενάμενος*
neben mehrfachem *γενόμενος*, BU 464₇ (132/133 n. Chr.) *γενά-
μενα* neben Zeile 10 *γενομένη*[*ν*], 300₁₁ (Faijûm, 148 n. Chr.)
παραγενάμενος, 301₄ (Faijûm, 157 n. Chr.) *γεναμένου*, 115 II₂₆
(Faijûm, 189 n. Chr.) *γεναμένοις*, 490₆ (Faijûm, 2. Jahrh. n. Chr.)
γεναμένη, 531 II₁₇ (Faijûm, 2. Jahrh. n. Chr.) *πα[ρ]αγενάμενος*,

---

[1] WINER-SCHMIEDEL § 13, 2 Anm. 2 (S. 104), BLASS, Gr. S. 57.
[2] WINER-SCHMIEDEL § 13, 10 (S. 109), BLASS, Gr. S. 42.
[3] WINER-SCHMIEDEL § 13, 10 (S. 109), BLASS, Gr. S. 43.
[4] Der Herausgeber P. VIERECK bemerkt dazu unnötiger Weise: »l.
καταλίπῃ«.
[5] WINER-SCHMIEDEL § 13, 10 (S. 110), BLASS, Gr. S. 43.
[6] Vergl. Bibelstudien 62 f.
[7] WINER-SCHMIEDEL § 13, 13 (S. 111 f.), BLASS, Gr. S. 44 f.

21 II₈ (340 n. Chr.) γεναμένου, 3₈₄ (Faijûm, 605 n. Chr.) γεναμένων.

ἦλθα: BU 530₁₁ (1. Jahrh. n. Chr.) ἦλθας, 72₈ (191 n. Chr.) ἐπῆλθαν, 515₁₈ (193 n. Chr.) ἐπε[ι]σῆλθαν, 146₈ (2./3. Jahrh. n. Chr.) ἐπῆλθαν, 103₁ (6./7. Jahrh. n. Chr.) ἦλθαν, sämtliche Papyri stammen aus dem Faijûm.

ἔσχα (Act. Ap. 7₆₇D συνέσχαν): BU 451₈ (1./2. Jahrh. n. Chr.) ἔσχαμεν.

ἔλαβα: BU 562₈₁ (Faijûm, Anf. des 2. Jahrh. n. Chr.) ἐξέλαβα, 423₉ (2. Jahrh. n. Chr.) ἔλαβα, 261₁₈ und 449₈ (beide Faijûm, 2./3. Jahrh. n. Chr.) ἔλαβα.

Die Ausdehnung der Endungen -α, -ας auf das Imperfekt[1] zeigt sich BU 595₉ (Faijûm, 70—80 n. Chr.) ἔλεγας, 515₆ (Faijûm, 193 n. Chr.) ὠφείλαμεν, 157₈ (Faijûm, 2./3. Jahrh. n. Chr.) ἐβάσταζαν. Auch 44₈ (Faijûm, 102 n. Chr.) ὀφίλατε dürfte hierhergehören; das Augment fehlt[2] wie BU 281₁₈ (Faijûm, Zeit des Trajan) ὀφ[ι]λεν und 340₁₁ (Faijûm, 148/149 n. Chr.) ὀφιλεν.

Die Endung -σαν für -ν in der 3. Pluralis[3] ist bezeugt BU 36₉ (Faijûm, 2./3. Jahrh. n. Chr.) ἐπήλθοσαν und (bei einem kontrahierten Verbum) 251₄ (Faijûm, 81 n. Chr.) προεγ[αμ]οῦσαν, ebenso in der von derselben Hand geschriebenen Urkunde 183₆ (Faijûm, 85 n. Chr.) προεγαμοῦσαν[4]; in den beiden letzten Fällen handelt es sich um die in Heiratskontrakten wohl formelhafte Wendung καθὼς καὶ προεγαμοῦσαν.

Die Endung -αν für -ασι in der 3. Pluralis des Perfekt[5] kommt vor BU 597₁₉ (Faijûm, 75 n. Chr.) γέγοναν (Rom. 16₇NAB, Apoc. Joh. 21₆NᶜA) und 328 1₆ (Faijûm, 138/139 n. Chr.) μετεπιγέγραφαν.[6]

---

[1] WINER-SCHMIEDEL § 13, 13 (S. 112), BLASS, Gr. S. 45.
[2] Wohl Assimilation an ὄφελον.
[3] WINER-SCHMIEDEL § 13, 14 (S. 112f.), BLASS, Gr. S. 45 f.
[4] Die Herausgeber accentuieren προεγάμουσαν.
[5] WINER-SCHMIEDEL § 13, 15 (S. 113), BLASS, Gr. S. 45.
[6] Umgekehrt -ασι für -αν BU 275₆ (Faijûm, 215 n. Chr.) ἐπήλθασι.

Die Endung -ες für -ας in der 2. Singularis des Perfekt und des Aorist[1] finden wir in bemerkenswerter Häufung in dem schlecht geschriebenen Privatbriefe BU 261 (Faijûm, 2./3. Jahrh. n. Chr.?): Zeile ₁₄ δέδωκες, ₁₇ ἥρηχες (= εἴρηκες), ₁₈ σὺ οἶδες, ₂₄ ι. ἔγραψες; letztere Form kommt auch in dem Privatbriefe 38₁₄ (Faijûm, 1. Jahrh. n. Chr.) vor.

δίδωμι.[2] Die Papyri bieten für δίδω (διδῶ?) statt δίδωμι eine Anzahl Belege, sämtlich aus dem Faijûm. BU 261₈₁ (2./3. Jahrh. n. Chr.?, schlecht geschrieben) isteht οὐδὲν ἐγὼ δίδω (διδῶ?)[3], 97₂₁ (201·202 n. Chr.) ἐπιδίδω[4], 38₁₉ (1. Jahrh. n. Chr.) δίδι als 3. Sing. Präs. (= δίδει). — Auf διδῶ (= διδόω) weisen 86₈₂ (155 n. Chr.) διδοῦντος und schon 44₁₅ (102 n. Chr.) ἀνδιδοῦντα[5] neben Zeile ₁₄ διδόντα.

τίθημι. Nach WINER-SCHMIEDEL § 14 Anm. 11 (S. 121) scheinen sich unzweifelhafte Ableitungen von einem Verbum τίθω nicht zu finden. Der gut geschriebene Papyrus BU 326 I₁₄ (Faijûm, 189 n. Chr.) bietet jedoch παραχατατίθομαι. — Auf τιθῶ (= τιθέω) weist hin BU 350₁₃ (Faijûm, Zeit des Trajan) ἀποτιθοῦσα, was hier aber vielleicht auch nur euphonisch bedingt ist; es steht in folgendem Zusammenhang: ἐναι-

---

[1] WINER-SCHMIEDEL § 13, 16 (S. 113 f.), BLASS, Gr. S. 46.

[2] WINER-SCHMIEDEL § 14, 11 ff. (S. 121 f.), BLASS, Gr. S. 48 f. Nicht berücksichtigt ist von beiden 1 Cor. 7₃ Α ἀποδιδέτω.

[3] Zeile ₈₁ steht freilich μὴ δίδι αὐτῇ (vergl. Nachtrag S. 358). Der Herausgeber F. KREBS accentuiert δίδι und erklärt: »l. δίδει = δίδωσι. Das halte ich für unmöglich: δίδι (= δίδει) wird ein nach τίθει gebildeter Imperativ von δίδωμι sein. Ähnlich BU 602₄ (Faijûm, 2. Jahrh. n. Chr.) ἰδείδι (= ἰδίδει) nach Analogie von ἐτίθει. Sonstige Angleichungen an die Formation von τίθημι aus den Faijûmer Papyri sind 360₄ (108/109 n. Chr.) der Imperativ παράδετε und 159₄ (216 n. Chr.) ἐξέδετο, letztere Form schon PER CCXXII₁₂ (2. Jahrh. n. Chr.).

[4] ἐπιδίδω könnte auch Abkürzung von ἐπιδίδωμι sein, zumal es in einer geläufigen Formel steht. Der Herausgeber U. WILCKEN schreibt deshalb ἐπιδίδω(μι).

[5] Apokope der Präposition wie BU 86₁ (Faijûm, 155 n. Chr.) καλείψῃ neben Zeile ₁₂ desselben Papyrus καταλείψῃ (nicht παδώσω BU 39₁₀, welches nach genauerer Lesung S. 354 in ἀποδώσω korrigiert ist); vergl. WINER-SCHMIEDEL § 5, 22 c Anm. 47 (S. 53).

κοδομοῦσα καὶ ἐπισκευάζουσα καὶ πολοῦσα[ηⁱᶜ] καὶ ὑποτιθοῦσα καὶ ἑτέροις μεταδιδοῦσα.

δύνομαι[1] ist in den Faijûmer Urkunden öfter bezeugt: BU 246₁₀ (2./3. Jahrh. n. Chr.), 388 II₈ (2./3. Jahrh. n. Chr.), 159₅ (216 n. Chr.) δυνόμενος, ebenso 614₂₀ (217 n. Chr.). 348₃ (156 n. Chr.) steht ὡς ἂν δύνοι, was jedenfalls 3. Singularis sein soll; das würde auf ein δύνω schliessen lassen.[2]

---

[1] WINER-SCHMIEDEL § 14, 17 (S. 123), BLASS, Gr. S. 48.

[2] Der betr. Satz (aus einem Privatbriefe) ist mir nicht ganz klar, doch halte ich es für ausgeschlossen, dass die Form von dem bekannten δύνω abzuleiten wäre. Auch F. KREBS stellt im Index δύνοι zu δύναμαι.

III.

Zum Lexikon und zur Syntax.

1. Angebliche Hebraismen.

ἀναστρέφομαι und *ἀναστροφή*.

Für die nicht als Hebraismus zu erklärende ethische Bedeutung des Verbums [1], auf die ich Bibelstudien 83 aufmerksam gemacht habe, bietet der inzwischen erschienene zweite Band der Inschriften von Pergamon noch eine ganze Anzahl von Belegen, sämtlich aus der römischen Zeit (nach 133 v. Chr.). Abgesehen von Perg. 252₆₉, wo das Wort nur durch eine starke Ergänzung gewonnen wird, verweise ich auf 459₆ *καλῶς καὶ ἐνδόξως ἀναστραφῆναι* (vergl. Hebr. 13₁₈ *καλῶς ἀναστρέφεσθαι*, Jac. 3₁₃, 1 Pe. 2₁₂ *καλὴ ἀναστροφή*), 470₄ [*ἐν πᾶσ*]*ιν ἀνεσ*[*τραμ*]*μένον ἀξίως* [*τῆς πόλεως*] und 496₆₈. [*ἀ*]*ναστρεφομένην καλῶς καὶ εὐσεβῶς καὶ ἀξίως τῆς πόλεως* (vergl. das paulinische *περιπατεῖν ἀξίως* c. gen.), auch 545 *ἀναστραφέν*[*τα*]. Noch älter als alle diese Stellen dürfte sein IMAe 1033₇₅. (Karpathos, 2. Jahrh. v. Chr.?) *φιλοδόξως ἀνε*[*σ*]*τραπ*[*ται*]. FRÄNKEL S. 16 citiert noch CIG 1770 (Brief des Flaminin) *οἱ οὐκ ἀπὸ τοῦ βελτίστου εἰωθότες ἀναστρέφεσθαι*.[2]

Für *ἀναστροφή* im ethischen Sinne ist anzumerken IMAe 1032₆ (Karpathos, 2. Jahrh. v. Chr.).

---

[1] Es ist charakteristisch, dass nicht *Clavis*[6], wohl aber THAYER diesen Gebrauch bei Xenophon (an. 2, 5, 14) und Polybius (1, 9, 7; 74, 13; 86, 5 etc.) notiert.

[2] P. WENDLAND verweist Deutsche Litteraturzeitung 1895 Sp. 902 noch auf SCHENKL's Index zu Epiktet und auf VIERECK, *Sermo graecus* S. 75.

εἰς.

Der Bibelstudien 113 ff. besprochene, nicht als Hebraismus aufzufassende Gebrauch von εἰς zur Angabe des Zweckes bei Spenden, Kollekten, Ausgaben etc. ist auch durch die späteren Papyri zu erhärten. In der sehr umfangreichen Rechnung BU 34 (Ort und Zeit unsicher) z. B. werden die einzelnen Ausgabeposten überaus oft durch εἰς eingeführt. PER I11 (Faijûm, 83/84 n. Chr.) ist *τὰς εἰς τὸν Μάρωνα .... οἰκονομίας* vom Herausgeber richtig übersetzt *die Umschreibung für die Rechnung Marons*, vergl. PER XVIII 19 r. (Faijûm, 124 n. Chr.) *εἰς ἄλλον τινὰ γράφειν διαθήκην zu irgend eines anderen Gunsten ein Testament zu errichten.* Abgesehen von den neutestamentlichen Stellen findet sich dieses εἰς übrigens auch sonst; der Gebrauch ist also kein Ägypticismus. So wird Perg. 554 (nach 105 n. Chr.) in einer Liste von Gebern zu einer sakralen Kollekte der Zweck der Spenden mit εἰς angegeben[1], z. B. Zeile 10 *εἰς ταυροβόλιον.* Auch das abrupte εἰς der Spenderliste Perg. 553 K (Zeit Trajans) dürfte hierher gehören. Ich habe auch in anderen Inschriften dieses εἰς gefunden.

ἐρωτάω.

CREMER[2] 415: »in der neutestamentl. Gräc. auch bitten. ...... — eine offenbar durch Einfluss des hebr. שׁאל erst entstandene Verwendung des Wortes.« Dagegen konstatierte schon WINER-LÜNEMANN S. 30 einige profane Stellen[2], welche *Clavis*[3] 175 herübernimmt und vermehrt, freilich unter der gleichzeitigen Behauptung »*ex imitatione hebr.* שׁאל, *significatu ap. profanos rarissimo.*« Bereits früher habe ich gegen die Einschränkung dieses vulgärgriechischen Gebrauchs auf die Bibel Widerspruch erhoben.[3] Die Faijûmer Papyri ergeben neues

---

[1] FRÄNKEL S. 353.

[2] WINER-SCHMIEDEL § 4, 2 a (S. 27) rechnet den Gebrauch zu den »unvollkommenen« Hebraismen. Dieser Begriff wäre aus dem WINER besser zu tilgen.

[3] Bibelstudien 45, unter Verweis auf die Belege von U. VON WILAMOWITZ-MOELLENDORFF bei GUIL. SCHMIDT, *De Flavii Iosephi elocutione observationes criticae*, FLECK. Jbb. Suppl. XX (1894) 516.

Material: ἐρωτᾶν *bitten* steht BU 50₉ (115 n. Chr.), 423₁₁ (2. Jahrh. n. Chr.), 417₉ₑ (2./3. Jahrh. n. Chr.), 624₁₆ (Zeit des Diokletian). Dazu kommt die wahrscheinlich dem 2. Jahrh. n. Chr. angehörende Devotionstafel von Hadrumetum Zeile ₃₁ (Bibelstudien 30).

καθαρὸς ἀπό τινος.

Der Irrtum, diese Konstruktion (Act. Ap. 20₂₆ und an alttestamentlichen Stellen) sei ein Hebraismus, ist durch Beispiele nicht nur aus spätgriechischen Schriftstellern, sondern auch schon durch Demosthenes 59₇₈ längst widerlegt.[1] Dass er trotzdem noch weiterwuchert, zeigt *Clavis*³ 217; »*ex hebr. add.* ἀπό τινος, ... ap. nativos Graecos c. nudo gen.« Es kann deshalb nichts schaden, die ausserbiblischen Belege noch durch folgende Faijûmer Papyrusstellen zu erweitern: BU 197₁₄ (17 n. Chr.), 177₁₉ (46/47 n. Chr.), 112₁₁ (ca. 60 n. Chr.), 184₁₆ (72 n. Chr.), PER I₁₆ (83/84 n. Chr.), BU 536₆ (Zeit des Domitian), 193₁₉ (136 n. Chr.), 240₂₄ (167/168 n. Chr.), PER CCXX₁₀ (1. oder 2. Jahrh. n. Chr.), BU 94₁₃ (289 n. Chr.) An allen diesen Stellen, die sich auf einen Zeitraum von nahezu drei Jahrhunderten verteilen, handelt es sich um die Formel *frei von einer Geldschuld*. Dazu kommt ein noch älteres Beispiel in der Inschrift von Pergamon 255₇ₐ. (frührömische Zeit) ἀπὸ δὲ τάφου καὶ ἐκφορ[ᾶς]... καθαροὶ ἔστωσαν.

ὄνομα.

1. Für *Person* steht das Wort Act. Ap. 1₁₅, Apoc. Joh. 3₄, 11₁₃. *Clavis*³ 312 erklärt diesen Gebrauch *ex imitatione hebr.* שֵׁמוֹת. Aber die Annahme eines Hebraismus ist überflüssig; die Papyri bezeugen denselben Gebrauch, der ja auch an sich verständlich ist: BU 113₁₁ (143 n. Chr.), ἑκάστῳ ὀνόματι παρα(γενομένῳ), 265₁₈ (Faijûm, 148 n. Chr.) [ἑκάστῳ

---

[1] Die Demosthenesstelle citiert bereits G. D. KYPKE, *Observationes sacrae*, *Wratisl.* 1755, II 109, nach ihm z. B. WINER (z. B. ⁴[1836] 183, ⁷[1867] 185) und BLASS, Gr. S. 104. Auf KYPKE bin ich durch WENDT zu Act. Ap. 20₂₆ (MEYER III ⁶/⁷ [1888] 444) aufmerksam geworden. Auch CREMER⁸ 489 vertritt die richtige Ansicht.

ὀνόμ]ατι παράκ[ει]ται ¹, 531 II ₉ ₜ. (Faijûm, 2. Jahrh. n. Chr.) τὰ περιγεινόμενα ᵗⁱᶜ ἐνοίκια πρὸς ἕκαστον ὄνομα τῶν τρυγώντων γραψῇτωι ᵗⁱᶜ, 388 I ₁₆ (Faijûm, 2./3. Jahrh. n. Chr.) ταβέλλαι δύ[ο] ἐλευϑερώσεων τοῦ αὐτοῦ ὀνόματος διαφόροις χρόνοις (vergl. II ₈₆ πῶς [ο]ὖν τοῦ Εὐκαίρου δύ[ο] ταβέλλαι ἐλευϑερίας εὐ[ρί]σ[κον]ται;).

2. Zu meinen · Nachweisen für die Formel εἰς τὸ ὄνομά τινος Bibelstudien 143 ff. kommt BU 256 ₆ (Faijûm, Zeit des Antoninus Pius) τὰ ὑπάρχοντ[α] εἰς ὄνομα δυεῖν ᵗⁱᶜ was zum Namen [d. h. zum Vermögen] der zwei gehört; hier steht die Formel ebenso wie in dem kleinasiatischen Ausdruck κτηματ-ώνης εἰς τὸ τοῦ ϑεοῦ ὄνομα Bibelstudien 144. Synonym wird in den Papyri die Formel ἐπ' ὀνόματος gebraucht BU 226 ₁₆ ₜ. (Faijûm, 99 n. Chr.) πάντων τῶν ἐπ' ὀνόματος τῆς μητρός μου ... εἰς αὐτοὺς ὑπαρχόντων ²; ebenso dürfte BU 231 ₉ (Faijûm, Zeit des Hadrian) zu ergänzen sein [ἐπ' ὀνό]ματος τῆς ϑυγατρός σου.³

3. Bibelstudien 145 habe ich die Vermutung ausgesprochen, dass es wohl nur ein Zufall sei, wenn die Wendung ποιεῖν τι ἐν τῷ ὀνόματί τινος bisher noch nicht aus einer ausserbiblischen Quelle bekannt geworden sei. Zwar nicht in der Konstruktion mit ἐν, aber in der sehr ähnlichen mit dem blossen Dativ ist sie mir inzwischen zu Gesicht gekommen. Der Treueid der Einwohner von Assos in Troas für den Kaiser Caligula (*Ephe-*

---

¹ Zu diesen beiden Stellen bemerkte mir Herr Professor Dr. Wɪʟcᴋᴇɴ in Breslau brieflich, ὄνομα stehe hier für »den Inhaber des Namens, die Person«, aber man komme wohl auch hier mit der Übersetzung *Namen* aus. — Übersetzen würde ich auch an den neutestamentlichen Stellen mit Luther *Name*, um die Eigenart des Gebrauches nicht zu verwischen.

² L. Mɪᴛᴛᴇɪs übersetzt im *Corpus Papyrorum Raineri* I 1, 270 Anm. diese Stelle *alles Vermögen meiner Mutter ist in seinem Besitz*.

³ Anders 153 ₁₁ (Faijûm, 152 n. Chr.) ἀπογράψασϑαι ἐν τῇ τῶν καμήλων ἀπογραφῇ ... ἐπ' ὀνόματος αὐτῶν. Hier handelt es sich um die Eintragung eines Kamels in die Liste *unter den Namen* seines neuen Besitzers. Immerhin, was ἐπ' ὀνόματος einer Person aufgeführt ist, das macht ihr Vermögen aus. Man sieht, wie auch in den obigen Formeln nicht von einer neuen *Bedeutung* des Wortes die Rede sein kann, sondern nur von einer Verwertung seiner gehaltvollen Grundbedeutung.

meris epigraphica V [1884] p. 156, 37 n. Chr.) ist unterzeichnet von 5 πρεσβευταί, nach deren namentlicher Aufzählung es zum Schlusse heisst οἵτινες καὶ ὑπὲρ τῆς Γαίου Καίσαρος Σεβαστοῦ Γερμανικοῦ σωτηρίας εὐξάμενοι Διὶ Καπιτωλίῳ[nic] ἔθυσαν τῷ τῆς πόλεως ὀνόματι. Hier haben wir wohl denselben Gebrauch wie Jac. 5₁₀ A ἐλάλησαν τῷ ὀνόματι κυρίου[1], und die Annahme von CREMER[8] 712, »dass erst das Christentum den Gebr. des „im Namen etc." in die occidental. Sprachen eingeführt hat«, wird abzuweisen sein.

2. Angeblich »judengriechische«, »biblische« resp. »neutestamentliche« Wörter und Konstruktionen.

Durch die folgenden Artikel dürfte es deutlich werden, dass das Nichtvorkommen mancher Wörter der Bibel in der ausserbiblischen Litteratur lediglich auf einen statistischen Zufall zurückzuführen ist. (In einigen Fällen handelt es sich übrigens nicht einmal um ein Nichtvorkommen, sondern lediglich um ein Nichtnotiertsein.) Mehrere hierhergehörige Wörter sind schon in den Bibelstudien angemerkt. Bei BLASS, Grammatik des Neutest. Griechisch finde ich noch S. 69 φιλοπρωτεύω aus einer Inschrift, S. 68 φρεναπάτης aus einem Papyrus nachgewiesen. Die Zahl der »biblischen« resp. »neutestamentlichen« Wörter wird gewiss noch viel mehr zusammenschmelzen, — unbeschadet der innersten Eigenart der biblischen Gedanken.

ἀγάπη.

In den Bibelstudien 80 hatte ich für ἀγάπη den Pariser Papyrus 49 (zwischen 164 und 158 v. Chr.) citiert, indem ich mich der Lesung des französischen Herausgebers von 1865 anschloss. BLASS hat darauf in seiner Recension[2] die Richtigkeit dieser Lesung bezweifelt und aufgrund des Facsimiles statt ἀγάπην vorgeschlagen ταραχήν. Das Facsimile ist nicht auf

---

[1] Nicht so Marc. 9₄₁ A und Matth. 7₂₂, wo der Dativ instrumental steht.

[8] ThLZ XX (1895) 488.

photographischem Wege hergestellt; mir schien *ἀγάπην*
mindestens nicht ausgeschlossen. Indessen BLASS hat höchstwahrscheinlich recht. Eine Nachprüfung der Stelle am Original
hat, wie mir der Konservator der ägyptischen Altertümer des
Louvre Herr PIERRET mitzuteilen die Freundlichkeit hatte, ergeben, »*qu'on ne trouve, dans le papyrus N° 49, aucune trace
du mot ἀγάπην, mais seulement à la ligne 6 la vraisemblance
d'une lecture ταραχήν*«. Ich stehe deshalb nicht an, meinen
Hinweis auf den Papyrus hiermit zurückzuziehen.

Immerhin ist damit meine Bezweifelung des Wortes als
eines specifisch »biblischen« nicht beseitigt, und auch die
Vermutung, dass es in Ägypten gebraucht worden sei, ist zu
begründen. Nur dass man nicht erst nach Paris zu gehen
braucht, um das Wort zu suchen. Trotz v. ZEZSCHWITZ [1], *Clavis* [2]
und CREMER [3] steht es bei Philo, worauf meines Wissens nur
THAYER in seinem Lexikon [4] aufmerksam gemacht hat. *Quod
Deus immut.* § 14 (M. p. 283) heisst es: *παρ᾽ ὃ μοι δοχεῖ τοῖς
προειρημένοις δυσὶ κεφαλαίοις, τῷ τε »ὡς ἄνθρωπος« καὶ τῷ
»οὐχ ὡς ἄνθρωπος ὁ θεός«* [b], *ἕτερα δύο συννφῆναι ἀκόλουθα
καὶ συγγενῆ, φόβον τε καὶ ἀγάπην.* Da haben wir *ἀγάπη*, ohne
dass sich die Vermutung begründen liesse, Philo habe das
Wort den LXX entlehnt. Und mehr noch: *ἀγάπη* steht hier
bereits im religiös-ethischen Sinne; denn der Zusammenhang
ergibt, dass es sich um die *Liebe zu Gott* handelt, die ihren
Gegensatz hat in der *Furcht vor Gott* (vergl. im folgenden
Satze *ἢ πρὸς τὸ ἀγαπᾶν ἢ πρὸς τὸ φοβεῖσθαι τὸν ὄντα*). Die
Analogie zu 1 Joh. 4,18 liegt auf der Hand.

---

[1] Profangraecitaet und biblischer Sprachgeist, Leipzig 1859, 62:
»*Ἀγάπη* als reiner Begriff fehlt, soweit die Nachweise der Lexika reichen,
auch der κοινή.«

[2] [3]: »*In Philone et Josepho legi non memini*« (nach BRETSCHNEIDER).

[3] [14]: »dieses anscheinend von den LXX oder doch in ihrem Kreise
gebildeten Wortes (Philo und Josephus kennen es nicht)...«

[4] Ich hatte dasselbe noch nicht zur Hand, als ich den Artikel der
Bibelstudien *ἀγάπη* schrieb.

[b] Die Stelle bezieht sich auf den scheinbaren Widerspruch zwischen
LXX Deut. 1,31 und Num. 23,19.

Der Vollständigkeit halber sei hier noch eine andere Stelle notiert, die freilich einen völlig sicheren Beitrag zur Entscheidung unserer Frage nach der einen oder anderen Seite nicht gibt. Ein Scholion zu Thuc. II 51,5 bietet zu ἀρετῆς die Glosse φιλανθρωπίας καὶ ἀγάπης (ed. Poppo II 2 p. 92 oder A. Schoene [1874] p. 209 eb). Die Wertung dieser Glosse hängt für uns ab von der Beantwortung der Frage, ob der Glossator Christ war oder nicht. Aber eine sichere Antwort kann hierauf nicht gegeben werden. Über das Alter eines einzelnen Scholion bezw. eines sprachlichen Ausdrucks der Scholien kann man nach dem gegenwärtigen Stande der Scholienforschung nichts mit Bestimmtheit sagen. Immerhin haben nach Ansicht des Herrn Professors Dr. G. Wissowa in Halle a. S., der mir in bereitwilligster Weise diese Auskunft erteilte, derartige nach der Interlinearerklärung schmeckende Glossen, welche die Erklärung nur durch Umformung des Ausdruckes geben, das Präjudiz jungen Ursprungs gegen sich.

ἀκατάγνωστος.

Seither nur 2 Macc. 4 47, Tit. 2 8 und bei kirchlichen Schriftstellern nachgewiesen. Clavis³ 14 begnügt sich mit der Feststellung dieses Thatbestandes, Cremer⁸ 245 isoliert das Wort: »nur in der bibl. u. kirchl. Gräc.« Bildung und Bedeutung sprechen jedoch für die Vermutung, dass mit einem statistischen Zufall zu rechnen ist. Thatsächlich steht das Wort in der Grabschrift CIG 1971 b 8 (Thessalonike, 165 n. Chr.) von der Verstorbenen, ebenso in der poetischen Grabschrift des Capitolinischen Museums zu Rom IGrSI¹ 2139 8 (Zeit?) von dem Verstorbenen (ἄμεμπτος, ἀκατάγνωστος)²,

---

¹ *Inscriptiones Graecae Siciliae et Italiae additis Graecis Galliae Hispaniae Britanniae Germaniae inscriptionibus consilio et auctoritate Academiae Litterarum Regiae Borussicae edidit* Georgius Kaibel, ... *Berolini 1890.*

⁸ Kaibel, *Epigrammata Graeca ex lapidibus conlecta, Berolini 1878,* S. 295 f. behandelt die Inschrift unter Nr. 728 als christlich, ohne Angabe von Gründen.

endlich auch in einer Pachturkunde, die zwar aus christlicher
Zeit stammt, aber kaum als Denkmal der »kirchlichen« Grücität
im Sinne von Cremer gelten kann: BU 308ᵦ (Faijûm, byz. Zeit)
ἐπάναγχες ἐπιτελέσωμεν τὰ πρὸς τὴν καλλιεργίαν τῶν ἀρουρῶν
ἔργα πάντα ἀκαταγνώστ[ως].¹

ἐάν.

1. Zu ἐάν mit dem Indikativ² bemerkt A. Buttmann³:
»Es ist zwar nicht zu läugnen, dass die Anzahl der betreffenden
Beispiele unter der Masse der grammatisch regelrechten fast
verschwinden, wie es auch Bedenken erregen könnte, dass fast
keine einzige Stelle mit dem Indik. völlig sicher überliefert ist.«
Mit Recht legt er jedoch an den Stellen, wo Indikativ und
Konjunktiv überliefert sind, letzteren den Abschreibern zur Last.
Absolut sichere Beispiele sind aus verhältnismässig früher Zeit
nicht eben viele nachgewiesen. In den Papyri sind mir folgende aufgefallen: BU 300ᵦ (Faijûm, 148 n. Chr.) κἂν δέον
ἦν⁴, 48₁₈ (Faijûm, 2./3. Jahrh. n. Chr.) ἐὰν δὲ μὴ ἐνῆν⁵; in
beiden Füllen handelt es sich um ein eigentliches Präteritum.⁶
Ferner mit folgendem Indikativ des Präsens oder des Futurum
Pariser Papyrus 18 (Kaiserzeit?)⁷ in der Mitte ἐὰν μαχουσιν
μετ᾽ ἐσοῖ οἱ ἀδελφοί σου, jenachdem man μάχουσιν oder μα-
χοῦσιν accentuiert⁸, BU 597ᵦ (Faijûm, 75 n. Chr.) καὶ ἐὰν

---

¹ So ergänzt der Herausgeber Wilcken; möglich wäre m. E. auch
ἀκαταγνωστ[οι].
² Streng genommen gehört dieser Punkt nicht in unseren Abschnitt;
ich habe ihn hier behandelt, um den Artikel ἐάν nicht zu zerreissen.
³ Grammatik des neutestamentlichen Sprachgebrauchs, Berlin 1859, 192.
⁴ Ich halte es nicht für richtig, dass der Herausgeber ἦν zu ändern
vorschlägt in ἦ. Vergl. auch die unten citierte Stelle BU 543ᵦ.
⁵ Dreimal (Z. ₆.₁₀.₁₁) steht in demselben Papyrus ἐάν mit dem
Konjunktiv.
⁶ Winer-Lünemann 277 unten β.
⁷ Notices et extraits des manuscrits de la bibliothèque impériale t. XVIII
p. 2, Paris 1865, S. 232 f., abgedruckt in meinen Bibelstudien 215 f.
⁸ Zu μάχω vergl. die analogen Fälle Winer-Lünemann 244 oben.

εἰπόσει [1], vergl. 607 ιι (Faijûm, 163 n. Chr.) ὁπόταν [2] ἀναι-
ϱ[ο]ῦῑται und die unten citierten Stellen 86 ιι. ιι.

2. Zu dem häufigen ἐάν statt ἄν in Relativsätzen schreibt
Winer-Lünemann 291: »Für ἄν steht im N. T. Texte nach
Relativis (wie in LXX. und Apokryph. ...., hin und wieder
bei den Byzantinern, ...) oft nach den besten und meisten
Autoritäten ἐάν [folgen die Stellen], wie nicht selten in den
Codd. griech. Schriftsteller, selbst attischer. Die neuern Philo-
logen ... schreiben durchaus dafür ἄν ..... Dies haben die
Editoren des N. T. noch nicht gewagt, und es könnte wirklich
ἐάν für ἄν eine Eigenheit der spätern (wo nicht schon der
frühern) Volkssprache gewesen sein.« Ähnlich urteilt A. Buttmann 63 f.: »Das häufige Vorkommen dieser Verwechslung
lässt mit Sicherheit auf das Vorhandensein dieser immerhin
fehlerhaften (aber doch nicht ganz unbegründeten) Schreibung
des Wortes bei Späteren wenigstens schliessen.« Auch Schmiedel [3]
erkennt dieses ἐάν als spätgriechisch an. Aber noch 1888
erklärt es Grimm, Clavis[8] 112 »ex usu ap. profanos maxime
dubio«. Der Fall ist äusserst lehrreich für die grundsätzliche
Frage nach dem Sprachcharakter der griechischen Bibel. Nur
wenn das »biblische Griechisch« eine besondere sprachgeschichtliche Grösse ist, wird man es begreiflich finden, dass jene
formelle Kleinigkeit, die massenhaft [4] in der griechischen Bibel
vorkommt, bei den »Profanen« sehr zweifelhaft sein soll.
Werden aber die biblischen Spracherscheinungen aus dem
Bannkreise des Dogmas von der biblischen Gräcität heraus-

---

[1] Diese eigentümliche Form (Weiterbildung von εἶπον?) ist jedenfalls
indikativisch zu fassen.

[2] Über ὁπόταν und ὅταν mit dem Indikativ des Futurum bei den
Sibyllisten handelt A. Rzach, Zur Kritik der Sibyllinischen Orakel,
Philologus LIII (1894) 283.

[3] HC II 1 (1891) 98 zu 1 Cor. 6 ιι.

[4] Bei den LXX unzähligemal (H. W. J. Thiersch, De Pentateuchi ver-
sione Alexandrina libri tres, Erlangae 1841, 108); in den Apokryphen zählt
Ch. A. Wahl, Clavis librorum V. T. Apocryphorum philologica, Lipsiae
1853, 137 f. 28 Fälle auf; im N. T. hat Clavis[3] 17 Fälle. Gewiss sind
dabei noch manche Fälle durch Abschreiber oder Herausgeber unterdrückt worden.

genommen, so kann man das eventuelle Fehlen »profaner«
Belege in unserem Falle höchstens als einen Zufall bezeichnen.
Nun zeigen aber die Papyri, dass das »biblische« ἐάν — wenigstens im Zeitalter des Neuen Testaments [1] — überaus häufig
in Ägypten gebraucht worden ist; sie bestätigen also aufs
glänzendste die Vermutung von WINER und A. BUTTMANN.
Das Neue Testament ist hier wirklich von einer Wolke von Zeugnissen umgeben; ich zweifele nicht, dass die Ptolemäerpapyri
und die Inschriften weiteres Material bieten, durch welches das
ἐάν der LXX und der Apokryphen gedeckt wird. Wegen der
typischen Bedeutsamkeit der Sache seien hier eine Anzahl von
Papyrusstellen [2] notiert, die zu den neutestamentlichen Stellen
gleichsam den sprachgeschichtlichen Rahmen abgeben: BU
543₆ (Hawarah, 27 v. Chr.) ἢ ὅσων ἐὰν ἦν, PER CCXXIV₁₀
(Faijùm, 5/6 n. Chr.) ἢ ὅσων ἐνὰν ⁿⁱᶜ ᾖ [3], BU 197₁₀ (F., 17 n. Chr.)
ἢ ὅσων ἐὰν αἱρ[ῆται], ebenda ₁₉ οἷς ἐὰν αἱρῆται, 177₇ (F.,
46/47 n. Chr.) ἢ ὅσων ἐὰν ὦσιν, PER IV₁₁ (F., 52/53 n. Chr.)
ἢ ὅσων ἐὰν ὦσι, ebenda ₁₂ ὡς ἐὰν βούληται, BU 251₆ (F., 81
n. Chr.) [ἀ]φ' ἧ[ς ἐ]ὰν [ἀπ]αιτήσει ⁿⁱᶜ, PER I₁₉ (F., 83/84 n. Chr.)
ὡς ἐὰν [βούλω]νται, ebenda ₁₆ ἢ ὅσαι ἐὰν ὦσι, BU 183₈ (F.,
85 n. Chr.) ἀφ' ἧς ἐὰν ἀπαιτηθῇ, ebenda ₁₉ ὅσα ποτὲ ἐὰν
καταλείψῃ ⁿⁱᶜ, ebenda ₁₅ οἷς ἐὰν βούληται, 260₆ (F., 90 n. Chr.)
ὁπόδε ⁿⁱᶜ ἐὰν αἱρῇ, 252₉ (F., 98 n. Chr.) ἀφ' ἧς [ἐὰ]ν ἀπα[ι]
τ[η]ϑῇ, 538₈ (F., 100 n. Chr.) ἢ ὅσων ἐὰν ὦσι, PER CLXXXVIII₂₀
(F., 105/106 n. Chr.) ὡς ἐὰν αἱρῶνται, ebenda ₈₁ ἢ [ὅσα]ι ἐὰν
ὦσι, XI₂₆ (F., 108 n. Chr.) ἄ[ς] ἐὰν αἱρῆται, XXVIII₇ (F., 110
n. Chr.) οἷα ἐὰν ἐγβῇ ⁿⁱᶜ, ebenda ₁₄ ἢ ὅσων ἐὰν ὦσι, BU 101₉
(F., 114 n. Chr.) ἐξ οὗ ἐὰν αἱρῇ μέρους, ebenda ₁₆ ἐφ' ὃν ἐὰν
... χρόνον, 444₇ (Zeit des Trajan) ἢ ὅσῃι ⁿⁱᶜ ἐὰν ᾖ, 113₄

---

[1] Ich habe nur Papyri der (frühen und späten) Kaiserzeit zu dieser
Frage verglichen.

[2] Fast in allen Fällen haben die Berliner und Wiener Herausgeber
vorgeschlagen, ἄν statt ἐάν zu lesen; aber es kann sich hier doch wirklich
nicht um einen Schreibfehler handeln. Zu lesen ist in allen Fällen, wie
geschrieben steht, ἐάν. Im Bd. II der Berliner Urkunden ist ἐάν mit
Recht meist stehen gelassen.

[3] Pap.: η; WESSELY accentuiert S. 255 ἢ ⁿⁱᶜ.

(143 n. Chr.) πρὸς ἅς ἐὰν μεταξὺ ἀγάγωσι, 300 11 (F., 148 n. Chr.) οἷς ἐὰν πρὸς ταῦτα ἐπιτελέσῃ, 86 7. 13 (F., 155 n. Chr.) ὧν ἐὰν καταλείψῃ ⁿⁱᶜ, ebenda 10 μέχρι ἐὰν ... γένο[ηται]ⁿⁱᶜ, ebenda 22 ὁπ[ό]τε ἐὰν ... γένονται ˢⁱᶜ, 80 [= 446] 14 (F., 158/159 n. Chr.) ὁπότε ἐὰ[ν αἱρῆται], ebenda 24 ὁπότε αἰὰν ⁿⁱᶜ αἱρ[ῇ], 542 18 (F., 165 n. Chr.) ὃ ἐὰν αἱρῆται, 282 23 (F., nach 175 n. Chr.) ἢ ὅσοι ἐὰν ὦσι, ebenda 26 ὡς ἐὰν αἱρῆται, 241 26 (F., 177 n. Chr.) [ἢ ὅσαι] ἐὰν ὦσι, ebenda 28 ἢ ὅσαι [ἐὰ]ν ὦσι, ebenda 33 ὡ[ς ἐ]ὰν αἱρῆται, 326 I 10 (F., 189 n. Chr.) εἴ τι ἐὰν ἀν[θ]ρώπιν[ο]ν πά[θῃ], ebenda II 2 εἴ τι ἐὰν ἐγώ ... καταλίπω¹, 432 II 2 9 (190 n. Chr.) ὅ,τι ἐὰν πράξῃς, 46 17 (F., 193 n. Chr.) ἐν οἷς ἐὰν βούλωμαι τόποις, 233 16 (F., 2. Jahrh. n. Chr.) ὅ,τι ἐὰν αἱρ[ῶ]ηται], 236 4 (F., 2. Jahrh. n. Chr.) ἢ ὅσων ἐὰν ὦσι, 248 19 (F., 2. Jahrh. n. Chr) ὡς ἐὰν δοκιμάζῃς, 33 16 (F., 2./3. Jahrh. n. Chr.) ὅπου ἐὰν θέλῃς, ebenda 21 ἢ διὰ οἵου ἐὰν εὕρῃς, 13 10 (F., 289 n. Chr.) ὡς ἐὰν αἱρῇ, 380 18 (F., 3. Jahrh. n. Chr.) μετὰ οὗ ἐὰν εὕρω, PER XIX 23 (F., 330 n. Chr.) ὧν ἐὰν .. προσφωνήσῃ, BU 364 10 (F., 553 n. Chr.) ὅσων ἐὰν ὦσιν, 303 12 (F., 586 n. Chr.) ὅσας ἐὰν ὦσιν, ebenda Verso 1 ὅσων [ἐ]ὰν ὦσι.

Überblickt man diese lange Liste, so fällt auf, dass ἐάν in vielen stereotyp wiederkehrenden Formeln gebraucht ist, aber doch auch in freier gebildeten Sätzen. Man beachte auch,

---

¹ Von diesem zweimaligen εἰ mit folgendem (ἐάν =) ἄν aus ist das eigentümliche negative εἰ μή τι ἄν 1 Cor. 7 4 zu verstehen. SCHMIEDEL erklärt HC II 1 (1891) 100: »εἰ μή τι ἄν = ἐὰν μή τι, wie Orig. liest.« Diese Gleichung durfte nicht aufgestellt werden, sie giebt nur Aufschluss über den Sinn der Verbindung, nicht aber über ihre syntaktische Eigenart. Mit dem ἐάν in ἐὰν μή τι hat εἰ μή τι ἄν sprachlich nichts zu schaffen: ἄν steht hier nach εἰ vielmehr genau wie nach einem hypothetischen Relativ, also wenn nicht gegebenen Falls, wenn nicht etwa. Dass das Verbum (etwa ἀποστερῆτε oder γένηται) ergänzt werden muss, ist völlig ohne Einfluss auf die grammatische Beurteilung. — BLASS, Gr. S. 211 rechnet εἰ μή τι ἄν zu den Verbindungen, in denen εἰ und ἐάν vermischt sind. Diese Annahme halte ich wegen des ἄν für ausgeschlossen. Auch A. BUTTMANN 190 Anm. rechnet mit ihr, deutet freilich auch die mir als richtig erscheinende Erklärung 189 Z. 1 v. u. und 190 Z. 1. 2 v. o. an. Sie wird durch das εἰ ἄν des Papyrus erhärtet.

dass es sehr verschiedenartige Schriftstücke sind, in denen wir es finden, nicht nur amtliche Urkunden, bei denen die Vermutung immerhin berechtigt wäre, dass man nur eine Eigentümlichkeit der Kanzleisprache vor sich habe. Die geradezu klassische Zeit für sein Vorkommen ist das 1. und 2. Jahrhundert n. Chr., später scheint es seltener zu werden. Nur BU 372 II₁₇ (Faijûm, 154 n. Chr.) ἐξ οὗ ἄν ... προτεϑῇ, 619₇ (F., 155 n. Chr.) ἄχρι ἄν ἐξετασϑῇ, 348₅ (F., 156 n. Chr.) ὡς ἄν δοκειμάσῃς^nic, ebenda ₇ ὡς ἄν δύνοι^nic, 419₁₁ (F., 276/277 n. Chr.) ἄχρις ἄν παραγένωμαι, 316₂₁ (Askalon in Phönicien, 359 n. Chr.) ὃν ἄν αἱρῆτε^nic τρόπον, ebenda ₂₆. ₂₂ καὶ ὅσον ἄν .... διαφέρῃ, ₂₆ ὧν ἄν .. ἐπικτήσῃ[τ]ε^nic ist mir das »korrekte« ἄν vorgekommen; ich kann allerdings für Vollständigkeit nicht garantieren. Für nicht berechtigt halte ich die Vermutung, ἐάν für ἄν sei Alexandrinismus, wofür etwa das wiederholte ἄν der zuletzt citierten Urkunde aus Askalon geltend gemacht werden könnte. Man muss mit solchen Isolierungen sehr vorsichtig sein.

Nachtrag. Auf den Gebrauch von ἐάν für ἄν in den Papyri verweist auch Blass, Gr. S. 61 unter Citierung von BU 12, 13, 33, 46 »usw.« und S. 212 unter Citierung des Londoner Aristoteles-Papyrus (Ende des 1. Jahrh. n. Chr.).

εἰ (εἶ?) μήν.

Hebr. 6₁₄ steht (wie schon LXX z. B. Ez. 33₂₇, 34₈, 35₆, 36₅, 38₁₉, Num. 14₂₈, Hiob 27₂, Judith 1₁₂, Bar. 2₂₉) nach guter Überlieferung εἰ μήν als Schwurformel. Am eingehendsten hat hierüber F. Bleek zu der Stelle gehandelt[1]; er schliesst seine Untersuchung mit folgenden Worten: »Diese [die LXX-] Beispiele zeigen, wie auch an unserer Stelle εἰ μήν für die Alexandrinischen Juden keine sinnlose Lesart war, wie Tholuck sie nennt; und es mag dieser Fall zum Beweise dienen, wie sehr wir uns zu hüthen haben, eine durch das Zusammenstimmen der ältesten Zeugen verschiedener Klassen und Gegenden be-

---

[1] Der Brief an die Hebräer erläutert, 2. Abth., Berlin 1840, 248—250.

urkundete Lesart ohne weiteres unter dem Vorwande der Sinn-
losigkeit zu beseitigen, ohne genauer untersucht zu haben, ob
sie sich nicht nach biblischem Sprachgebrauche begründen oder
vertheidigen lässt.« Diesen »biblischen« Sprachgebrauch lässt
er S. 250 oben entstanden sein aus »einer Vermischung der
Griechischen Schwurformel ἦ μήν mit der ganz Un-Griechischen,
aus buchstäblicher Nachbildung des Hebräischen hervor-
gegangenen εἰ μή.« Noch *Clavis*[2] 118 und WINER-SCHMIEDEL
§ 5,15 (S. 46) halten diese Vermischung für möglich, falls nicht
etwa eine itacistische Vertauschung von η mit ει vorliege und
ἦ μήν gemeint sei. Die letztere Vermutung erklärt dagegen
O. F. FRITZSCHE[1] für die einzig zulässige und findet in der
Meinung von BLEEK ein Beispiel, »wie leicht das steife Hängen
am überlieferten Buchstaben zur Akrisie und zum Abentheuer-
lichen führt.«
    Der ganze Fall ist wieder überaus lehrreich. Wie plausibel
klingt doch einem Freunde der »biblischen« Gräcität, was BLEEK
behauptet, und was ihm von so vielen geglaubt worden ist! Hier
das griechische ἦ μήν, dort das hebräische אֹל םא = εἰ μή,
aus beiden mischte der biblische Sprachgeist ein εἰ μήν! Er
hätte auch ein ἦ μή daraus mischen können, aber er that es
nicht, er zog εἰ μήν vor. Schade, dass dieser schöne Gedanke
durch die Papyri aus der Welt geschafft wird.[*] BU 543 ₂ ₐ. (Hawarah, 28/27 v. Chr.) lautet: ὄμνυμι Καίσαρα Αὐτοκράτορα θεοῦ
υἱὸν εἰ μὴν παραχωρήσειν ... τὸν .. κλῆρο[ν], und PER CCXXIV ₁ ₐ.
(Soknopaiu Nesos im Faijûm, 5/6 n. Chr.) lesen wir: ὀμνύο^{με}
[.. Καίσαρα] Αὐτοκράτορα θεοῦ υ[ἱὸν] .... εἰ μὴν ἐνμένειν
ἐν πᾶσι τοῖς γεγε[νημένοις κατὰ τὴ]ν γραφήν.... Da haben
wir in zwei von einander unabhängigen Fällen εἰ (εἰ?) μήν als
Schwurformel auf Papyrusblättern, die etwa hundert Jahre älter

---

[1] HApAT II (1853) 138, vergl. I (1851) 186.
[*] Aber auch an und für sich betrachtet, ist die Annahme einer Vermischung undenkbar. Wenn εἰ μήν zur Hälfte hebraisierend ist, dann
muss εἰ im Sinne von םא stehen. Dann erhält aber die Formel einen
negativen Sinn, also z. B. Hebr. 6₁₄ würde dann lauten: *wahrhaftig, wenn
ich dich segne und vermehre* — [*scil.*: *dann will ich nicht Gott sein*, oder
etwas Ähnliches].

sind, als das Original der Hebräerepistel, die aus demselben
Lande stammen, in welchem die LXX und höchstwahrscheinlich der Verfasser der Hebräerepistel geschrieben haben. Was
für eine Bewandtnis es nun auch mit diesem *εἰ* (*εἰ?*) *μήν* haben
mag, so viel ist jedenfalls sicher, es ist keine specifisch bibel-
griechische oder judengriechische[1] Spracherscheinung. Entweder
liegt wirklich, wie Fritzsche zu den biblischen, Krebs[2] und
Wessely[3] zu den Papyrus-Stellen annehmen, nur itacistische
Vertauschung von *η* mit *ει* vor[4], — oder die Wendung ist
eine eigentümliche, zunächst nur für Ägypten nachweisbare
Schwurformel, über deren Entstehung ich eine Meinung nicht
auszusprechen wage. Die häufige ausgezeichnete Bezeugung
des *ει* durch die Bibelhandschriften gerade in dieser Verbindung[5]
und sein Vorkommen in derselben Verbindung an zwei von
einander unabhängigen Papyrusstellen verdienen in jedem Falle
unsere vollste Beachtung.

Nachtrag. Auch Blass ist das *εἰ μήν* wenigstens der
ersteren Stelle BU 543 nicht entgangen; er schreibt Gr.
S. 9: »*Εἰ μήν* st. *ἦ μήν* H 6₁₄ (א ABD¹) ist auch bei den LXX
und auf Papyrus bezeugt [dazu Anm. 4 Verweis auf BU 543
und Blass, Ausspr. d. Gr. 33⁶, 77]; es gehört übrigens alles
dies eigentlich in das Gebiet der Orthoepie und nicht der
Orthographie.« Ferner ebenda 60: »*ῇ*, richtiger *εἰ*, in *εἰ μήν*«
und 254: »Sätze der Versicherung, direkt und indirekt
(letztere Infinitivsätze) werden klassisch mit *ῇ μήν* eingeführt,

---

[1] Dass wir in den beiden Papyri Juden vor uns haben, ist ausgeschlossen.

[2] Krebs schreibt in der Berliner Urkunde *εἰ* und bemerkt dazu »l. *ῇ*.«

[3] Wessely schreibt *ει*ᶜⁱᶜ *μην* und bemerkt dazu »l. *ῇ μήν*.«

[4] So steht z. B. in der Berl. Urkunde unmittelbar vorher umgekehrt
χρηων statt *χρειων*. (Sonst ist sie, wie die Wiener, gut geschrieben.)
Vergl. auch BU 316₁₀ (Askalon, 359 n. Chr.) *εἰ* [= *ῇ*] *και εἴ τινι ἑτέρῳ*
ὀνόματι καλῖτε und umgekehrt 261₁₀ (Faijûm, 2./3. Jahrh. n. Chr.) *ῇ μή*
jedenfalls statt *εἰ μή*.

[5] Der Notiz des *Etymologicum Magnum* p. 416 *ῇ* · *ἐπίῤῥημα ὁρκικόν·*
ὅπερ καὶ διὰ διφθόγγου γράφεται wird eine selbständige Bedeutung nicht
zukommen; sie gibt wohl nur den handschriftlichen Befund der gleich
darauf citierten Stelle Hebr. 6₁₄ = LXX Gen. 22₁₇ wieder.

wofür sich in hellenist.-röm. Zeit *εἰ* (Accent?) *μήν* geschrieben findet; so LXX und daraus H 6₁₄.« Wie Blass über die Schreibung und die Entstehung der Formel denkt, ist mir dabei nicht ganz klar geworden; aus der zuletzt angeführten Bemerkung geht jedenfalls hervor, dass er die Accentuierung *εἰ*, die er zu vertreten scheint, nicht für völlig zweifellos hält.

2. Nachtrag. Das citierte Werk von Blass, Über die Aussprache des Griechischen⁸, Berlin 1888, S. 33 ergibt, dass auch die dorische Mysterieninschrift von Andania im Peloponnes (93 oder 91 v. Chr.) unsere Schwurformel gebraucht; der *ὅρχος γυναιχονόμου* beginnt Zeile ₁₇ *εἰ μὰν ἕξειν ἐπιμέλειαν περί τε τοῦ εἱματισμοῦ* (Dittenberger, *Sylloge* No. 388 p. 570). Blass bemerkt hierzu: »*Εἰ μάν* indes scheint mehr ein iussum speciale der Sprache als auf allgemeiner Regelung beruhend zu sein.«

ἐλαιών.

Sicher steht das Wort Act. Ap. 1₁₂ *ἀπὸ ὄρους τοῦ καλουμένου ἐλαιῶνος*, nach *Clavis*⁸ 140 sonst nur noch bei LXX und Josephus: »*apud Graecos non exstat.*« Statistischer Zufall: allein in den Berliner Papyri Bd. I steht *ἐλαιών Olivenhain* oder *Olivengarten* in 9 verschiedenen Urkunden, darunter aus »neutestamentlicher« Zeit BU 37₈ (51 n. Chr.), 50₆ (115 n. Chr.); aus Bd. II citiere ich noch BU 379₁₂.₁₄ (67 n. Chr.), 595₁₀ (etwa 70—80 n. Chr.). Die genannten Papyri sind alle aus dem Faijûm. Die Bildung des Wortes ist von *Clavis*³ richtig angegeben[1]; aber es ist eine irreführende Einseitigkeit, wenn gesagt wird: »*terminatio ών est nominum derivatorum indicantium locum iis arboribus consitum, quae nomine primitivo designantur.*« Die Endung -*ών* dient überhaupt, nicht nur bei den Namen der Bäume, zur Bildung von Wörtern, die den Ort bezeichnen, an welchem die betreffenden Gegenstände vorhanden sind. Ebenso sonderbar ist die weiter aufgestellte Gleichung *olivetum, locus oleis consitus, i. e.* [!] *mons olearum.* Als könnte ein *ἐλαιών* nicht gerade so gut in einem Thale oder sonstwo sein. Auch

---

[1] A. Buttmann 20 verweist auf »die gleichgebildeten griech. Bergnamen (*Κιθαιρών, Ἑλικών* etc.)«.

Act. Ap. 1₁₂ bedeutet *ἐλαιών* natürlich nicht *Olivenberg*, sondern *Olivenort* oder wenn man lieber will *Olivenwald*.[1] Das Wort ist hier als Ortsname gebraucht, gewiss; aber wenn ein bestimmter Berg den Namen *ἐλαιών* hat, so folgt daraus nicht, dass der Lexikograph *ἐλαιών* durch *mons olearum* wiederzugeben hat. Das wäre genau so verkehrt, als wollte man Marc. 5₉ etc. *λεγιών* durch *Dämonenlegion* übersetzen.

Der Umstand, dass das Wort seither nur spärlich belegt war, wird mit dazu beigetragen haben, dass ihm auch in anderer Beziehung sein Recht nicht immer geworden ist. Luc. 19₂₉ ist einstimmig überliefert *πρὸς τὸ ὄρος τὸ καλούμενον ἐλαιων*, ebenso 21₃₇ *εἰς τὸ ὄρος τὸ καλούμενον ἐλαιων*, und[2] Marc. 11₁ schreibt der Vaticanus *πρὸς τὸ ὄρος τὸ ἐλαιων*, der Bobbiensis *ad montem eleon*, Luc. 22₃₉ der Sangallensis *Δ εἰς τὸ ὄρος ἐλαιων*. An den beiden erstgenannten Stellen wurde *ἐλαιων* früher wohl allgemein als Genetiv des Plurals von *ἐλαία* gefasst und *ἐλαιῶν* accentuiert. Noch Schmiedel[3] erklärt diese Fassung für möglich, und in der That wäre die dann anzunehmende verkürzte Redeweise nicht ohne Analogie: BU 227₁₀ (Faijûm, 151 n. Chr.) finde ich *ἐν τόπ(ῳ) Καιτῆς Διώρυγος λεγο(μένῳ)*; ebenso 282₃₁ (Faijûm, nach 175 n. Chr.) *ἐν τόπῳ Οἰκίας*[4] *Καιν[. λ]εγομένου ⁿⁱᶜ* und Z. 24 f. *ἐν τόπῳ Οἰκίας*[4]

---

[1] Ich kann eben nicht konstatieren, ob der in der genannten Gleichung liegende methodische Fehler auf die Rechnung von W. Grimm zu setzen ist, oder ob eine falsche Aufstellung von Chr. G. Wilke nachwirkt. Jedenfalls kann man den Fehler mit den treffenden Worten des letzteren (Die Hermeneutik des Neuen Testaments systematisch dargestellt, zweiter Theil: die hermeneutische Methodenlehre, Leipzig 1844, 181) charakterisieren: »Oefters pflegen die Erklärer dem oder jenem Worte eine Bedeutung unterzulegen, die nur in dem einen oder anderen der damit verbundenen Worte liegt, und die dem Worte weder ausser, noch in dieser Verbindung zukommt.«

[2] Die folgenden Stellen finde ich nirgends berücksichtigt.

[3] Winer-Schmiedel § 10,4 (S. 93). Wie ich an diesem Orte sehe, schreiben auch Niese und Bekker bei Josephus stets *ἐλαιῶν*; die betr. Stellen sind *Clavis*[2] 140 citiert.

[4] Der Herausgeber Kenyon schreibt *οἰκίας*, aber das Wort gehört doch wohl zu dem Namen der Flur und ist nach unserer Gewohnheit deshalb

Σα[.....]λοχ [λεγο]μένου ᵐᶜ; PER XXXVIII₂ (F., 263 n. Chr.)
ἐν τόπῳ Ψιβιστάνεως λεγομ(ένῳ). Immerhin verhält sich die
Sache bei den Papyrusstellen doch etwas anders; ich würde
sie nur im äussersten Notfall heranziehen. Aber ein solcher
läge nur dann vor, wenn eben ἐλαιων ein Genetiv sein müsste.
Da nun zweifellos ἐλαιών[1] accentuiert werden kann, so ist nur
die Frage, ob diese durch Act Ap. 1₁₂ nahegelegte Fassung,
die von vornherein wahrscheinlicher ist, als das bei Lukas bei-
spiellose ἐλαιῶν ohne Artikel, grammatisch zu halten ist. Und
diese Frage ist entschieden zu bejahen. Zwar nicht mit A. Buttmann 20, weil das Wort »ganz wie ein *indeclinabile*, mithin
als Neutrum, behandelt« wäre[2], wohl aber durch Hinweis auf
den laxeren Sprachgebrauch des späteren Griechisch[3], dessen
Kenntnis uns durch die Papyri erweitert wird. Die Formeln
ὁ καλούμενος, ἐπικαλούμενος, ἐπικεκλημένος, λεγόμενος zur Einführung von Personen- und Ortsnamen finden sich hier überaus
häufig. In der Regel werden dieselben mit dem richtigen
Casus konstruiert, in den Berliner Urkunden Bd. I allein in
etwa 30 Fällen vom Jahre 121 bis 586 n. Chr. Aber an mehreren Stellen aus Faijûmer Papyri ist doch auch der laxere
Gebrauch zu notieren: schon BU 526₁₅ᵣ. (86 n. Chr.) ἐν τῇ
Τεσσβῶβις λε[γομ]ένης ᵐᶜ und 235₆ (137 n. Chr.) Π[α]σ[ί]ωι[ος]
Ἀφροδισίου ἐπικ(αλουμένου) Κέννις werden Τεσσβῶβις und
Κέννις Nominative sein; 277 I₁₇ (2. Jahrh. n. Chr.) heisst es,
sogar ohne ein Particip, ἐν ἐποικίῳ Ἀμύντας, und 349₇ᵣ. (313
n. Chr.) steht ἐν κλήρῳ καλουμένου ᵐᶜ Ἀφρικιανός.

Gegen die Accentuation ἐλαιών Luc. 19₂₉ und 21₈₇ dürfte
demnach kaum mehr etwas einzuwenden sein; sie ist auch Marc.
11₁B und Luc. 22₃₉ Δ vorzunehmen. Nur kurz berühren kann
ich hier eine andere Frage, die mir eine genauere Untersuchung
zu verdienen scheint. Welche griechische Lesart für den Namen
des Ölbergs setzt die Vulgata voraus? Bei Matthäus heisst der

---

mit grossem Anfangsbuchstaben zu schreiben. Die beiden Namen gehören
m. E. in den Index *sub* Οἰκίας Κανν[.] und Οἰκίας Σα[.....]λοχ.
[1] So accentuieren die neueren Herausgeber.
[2] Das liesse sich nur von der Lesart Marc. 11₁ nach B behaupten.
[3] Winer-Schmiedel § 10,4 (S. 93) und Winer[1] § 29,1 (S. 171).

Ölberg in unseren Texten stets (21₁, 24₈, 26₃₀) τὸ ὄρος τῶν ἐλαιῶν,
in der Vulgata stets *mons oliveti*; ebenso verhält es sich (ausser
an den wegen ἐλαιῶν selbstverständlichen Stellen Luc. 19₂₉,
21₃₇ und Act. Ap. 1₁₂) auch Luc. 19₃₇ und Joh. 8₁, wo ebenfalls dem ὄρος τῶν ἐλαιῶν ein *mons oliveti* entspricht. Die
Sache hätte keine weitere Bedeutung, wenn die Vulgata den
Ölberg immer so bezeichnen würde. Aber bei Markus stets
(11₁, 13₈, 14₂₆) und Luc. 22₃₉ übersetzt sie wie schon Sach.
14₄ τὸ ὄρος τῶν ἐλαιῶν durch *mons olivarum*.[1] Legt dieser
Thatbestand nicht die Vermutung nahe, dass die Vulgata
an den erstgenannten Stellen irgendwie die Lesart ἐλαιών vor-
aussetzt? Wie heisst der Ölberg in den anderen alten Übersetzungen?[2]
    Nachtrag. BLASS, Grammatik d. Neutest. Griechisch,
äussert sich zu der Frage an mehreren Stellen in einer
Weise, die meinen lebhaftesten Widerspruch hervorruft. Er
sagt S. 32: »Ἐλαιών Oelberg kann als griech. Uebersetzung
nicht indekl. sein; also wie sonst τὸ ὄρος τῶν ἐλαιῶν auch
ὄρος (Acc.) τὸ καλούμενον ἐλαιῶν (nicht Ἐλαιών) L 19₂₉. 21₃₇;
falsch flektirt A 1₁₂ ὄρους τοῦ καλουμένου Ἐλαιῶνος alle Hdschr.,
st. ἐλαιῶν; vergl. § 33, 1.« Und § 33,1 (S. 84) heisst es dann:
»Der Nominativ als Casus des Namens .. scheint zuweilen
bei der Einführung von Namen ohne Rücksicht auf die Con-
struktion statt des dieser gemässen Casus zu stehen...... Sonst
aber wird im Casus stets angeglichen..... Es ist darnach auch
unglaublich, dass der Oelberg mit ὁ Ἐλαιών übersetzt und dies
Wort undeklinirt gebraucht wäre, L 19₂₉. 21₃₇ ὄρος (Akk.) τὸ
καλούμενον ἐλαιῶν, sondern man muss ἐλαιῶν schreiben (τὸ
ὄρος τῶν ἐλ. L 19₃₇ u. s.)´, und an der einzigen St. A 1₁₂
(ὄρους τοῦ καλουμένου) ἐλαιῶνος in ἐλαιῶν corrigiren (wie auch
bei Joseph. A. 7, 9₂).« Zunächst »scheint« nicht der Nominativ
zuweilen in laxerer Weise zu stehen, sondern er *steht* thatsächlich zuweilen so; zu den seither bekannten biblischen und

[1] Im Apparat von TISCHENDORF ist die ganze Sache ignorirt.
[2] Besonders die Peschito müsste berücksichtigt werden; vergl. schon
WINER[7] 171 Anm. 1. Soweit ich es eben feststellen kann, setzt sie an sämtlichen Lukas-Stellen ἐλαιών voraus. Aber ich kann dafür nicht garantiren.

ausserbiblischen Stellen kommen die oben aufgeführten Belege aus den Papyri. »Sonst aber wird im Casus stets angeglichen«, — gewiss! Denn jener laxere Gebrauch des Nominativs ist natürlich Ausnahme. Aber dass die Ausnahme möglich ist, kann nicht bezweifelt werden. Deshalb klingt es wenig überzeugend, wenn BLASS auf das *sonst stets* die Meinung gründet: »Es ist darnach auch unglaublich, dass der Oelberg mit ὁ Ἐλαιών übersetzt und dies Wort undeklinirt gebraucht wäre.« Dieser Satz enthält zugleich eine kleine, aber wichtige Verschiebung des Problems. Es handelt sich gar nicht um die Frage, ob an den citierten Stellen ἐλαιών als ein indeklinabeles (vergl. BLASS S. 32 »indekl.«) Wort gebraucht ist, sondern ob dort nach laxerem Gebrauche der Nominativ statt des korrekten Casus steht.[1] Weshalb sollte der laxere Gebrauch hier nicht möglich sein? Wenn es ja Luc. 19₂₉ und 21₃₇ lediglich die Annahme dieses laxeren Gebrauches wäre, die uns zur Aufnahme von ἐλαιών ins neutestamentliche Lexikon nötigte, dann könnte man bedenklich sein. Aber Act. Ap. 1₁₂ ist das Wort von sämtlichen Zeugen einstimmig und zwar in der keinen Zweifel zulassenden Genetivform überliefert. Den Mut, mit dem BLASS hier ἐλαιῶνος in ἐλαιῶν korrigiert, kann ich wohl anstaunen, nicht aber mir aneignen.

ἐνώπιον.

Zu den »biblischen« d. h. nur den LXX und dem N. T. angehörenden Wörtern rechnet H. A. A. KENNEDY[2] das »Adverb« ἐνώπιον, das in der Bibel präpositionell gebraucht wird. A. BUTTMANN 273 lässt die »Präposition« »wahrscheinlich erst im Orient« entstanden sein, und nach WINER - LÜNEMANN 201 gehört »fast die ganze Präpos. ἐνώπιον (לִפְנֵי)« »dem hebrä-

---

[1] Wenn wir — um einen ähnlichen Fall zu nennen — einen Buchtitel lesen: »Jesu Predigt in ihrem Gegensatz zum Judentum. Ein religionsgeschichtlicher Vergleich von Lic. W. Bousset, Privatdocent in Göttingen«, so werden wir nicht sagen, *Privatdocent* sei indeklinabel gebraucht, sondern einen der vielen Fälle eines laxeren Gebrauches des Nominativs in Büchertiteln konstatieren.

[2] *Sources of New Testament Greek, Edinburgh 1895,* 90.

ischen Colorit an«. Man wird aus diesen Bestimmungen nicht recht klug; jedenfalls entsteht leicht die Meinung, *ἐνώπιον* sei eine Neubildung der »biblischen« Grācitāt.[1] Aber BU 578 (Faijûm, 189 n. Chr.) bezeugt wenigstens den adverbiellen Gebrauch des Wortes für Ägypten. Dass der Papyrus verhältnismässig jung ist, thut nichts zur Sache. Zeile ι heisst es dort *μεταδ(ός) ἐνώπι(ον) ὡς καθήκ(ει) τοῖς προστεταγμ(ένοις) ἀκολού[θως]*[2], ebenso dürfte Z. 11. zu ergänzen sein *τοῦ δεδομένου ὑπομνήματος ἀντίγρ(αφον) μεταδοθήτω ὡς ὑπόκ[ειται ἐνώπιον]*. Offenbar ist *μεταδιδόναι ἐνώπιον* eine amtliche Formel. Herr Professor Dr. WILCKEN in Breslau hatte die Freundlichkeit, mir hierüber folgende Auskunft zu erteilen. Die ihm sonst nicht bekannte Formel bedeute *persönlich abgeben*; »die Schuldmahnung soll dem Schuldner von Angesicht zu Angesicht überreicht werden, zur grösseren Sicherheit des Gläubigers.«

Nicht unmöglich ist, wie mir scheint, die Annahme, dass dieses adverbielle *ἐνώπιον* von den LXX zuerst mit dem Genetiv gebraucht worden ist; es war ja wie geschaffen zu einer möglichst getreuen Wiedergabe des häufigen לִפְנֵי und ähnlicher Ausdrücke. Es kann auch nicht Wunder nehmen, dass wir das Wort namentlich in feststehenden Formeln bei den altchristlichen Autoren häufig finden. Sie gebrauchten es, nicht weil sie ebenfalls Bibelgriechisch schrieben, sondern weil sie in ihrer Bibel Bescheid wussten.

ἐπιούσιος.[3]

In den Verhandlungen über das Wort finde ich nirgends eine interessante Notiz von GRIMM berücksichtigt, sogar von

---

[1] Nachtrag. Vergl. auch BLASS, Gr. S. 125: »*ἐνώπιον* ...., *κατενώπιον* ...., *ἔναντι* .., *κατέναντι* .. stammen aus den LXX und sind auch nachmals den Profanschriftst. fremd«.

[2] Auch Z. ι ergänzt der Herausgeber KREBS *ἐν[ώπι]ον*; dann würde auch hier die Verbindung *μεταδιδόναι ἐνώπιον* wiederholt sein. WILCKEN bezweifelt indessen, wie er mir schrieb, die Richtigkeit dieser Ergänzung und schlägt *ἐν[τειλ]ον* vor.

[3] Bei diesem Worte ist es durch das Zeugnis des Origenes wahrscheinlich gemacht, dass es wirklich ein »biblisches« ist; es gehört also streng genommen nicht hierher.

ihm selbst nicht in der *Clavis.* Er bemerkt zu 2 Macc. 1 ₈ (προσηνέγκαμεν θυσίαν καὶ σεμίδαλιν καὶ ἐξήψαμεν τοὺς λύχνους καὶ προεθήκαμεν τοὺς ἄρτους): »Willkürlicher, aber wegen Matth. 6, 11 und Luc. 11, 3 merkwürdiger Zusatz in drei Codd. Sergii: τοὺς ἐπιουσίους«.[1] Gemeint sind die *Schaubrote.* Welche Bewandtnis hat es mit dieser Lesart? Was lässt sich über die (mir unbekannten) Handschriften ermitteln?

εὐάρεστος (und εὐαρέστως).

CREMER[8] 160 f. sagt von εὐάρεστος: »ausser Xen. Mem. 3, 5, 5: δοκεῖ μοι ἄρχοντι εὐαρεστέρως"ᶦᶜ [lies εὐαρεστοτέρως] διακεῖσθαι ἡ πόλις — wenn dort nicht gegen LOBECK, Phryn. p. 621, dem Sinn gemässer εὐαρεσκοτέρως zu lesen ist — nur in der bibl. u. kirchl. Gräc. Jedenfalls wie die Derivata sonst nur der spät. Gräc. angehörig.« Da die Xenophon-Stelle eventuell ein Beleg für das Adverbium ist, durfte sie für das Adjectivum nicht genannt werden; denn das Adverbium wird von CREMER besonders behandelt und zwar mit der richtigen Angabe 161: »zuweilen bei Epikt.« Nach Ausscheidung der adverbiellen Fälle scheint CREMER's Behauptung, εὐάρεστος sei »nur« biblisch und kirchlich, an Wahrscheinlichkeit noch gewonnen zu haben, wiewohl das »sonst« in dem folgenden Satze die Möglichkeit offen lässt, dass das Wort auch anderwärts vorkommt. Jeder Zweifel über diesen Punkt muss indessen schwinden angesichts der Stelle aus einer Inschrift von Nisyros (undatiert, vorchristlich?, Mitteilungen des athen. Instituts 15, 134) Z. ₁₁ ᶠ. γενόμενον εὐάρεστον πᾶσι.[2] Übrigens hätte schon das Vorkommen des Adverbiums bei [Xenophon(?) und] Epiktet vor einer Isolierung des Adjectivums warnen sollen. Man findet εὐαρέστως auch CIG 2885 = LEBAS, *Asie* 33 (Branchidae, vorchristlich): τελέσασα τὴν ὑδροφορίαν εὐαρέστως τοῖς πολείταις.

ἱερατεύω.

CREMER[8] 462: »in der Prof.-Gräc. ungebr., nur hie u. da bei Sp[äteren]., z. B. Hrdn., Heliod., Paus.« Unter den »Späteren«

---

[1] HApAT IV (1857) 35.
[2] Ich verdanke diese und die folgende Stelle einem Hinweise von FRÄNKEL S. 315 zu Perg. 461.

fehlt hier zunächst der früheste, Josephus. Sodann ist es ein Widerspruch, erst zu sagen, das Wort sei ungebräuchlich und dann eine Anzahl von Autoren anzuführen, die es doch gebrauchen. Richtig wäre gewesen zu sagen: »in der späteren Grācilāt gebräuchlich.« Freilich hört damit die Berechtigung auf, das Wort als ein biblisches zu isolieren. KENNEDY[1] zieht die Konsequenz der CREMER'schen Theorie, indem er die Vermutung ausspricht, ἱερατεύω sei möglicher Weise, da es vor den LXX nicht vorkomme, erst von ihnen gebildet und aus dem »Judengriechischen« ins gemeine Griechisch übergegangen.[2] Da ist es ein wahres Glück, dass die Inschriften gerade für unser Wort eine Unmasse von Belegen ergeben, die bis ins Zeitalter der LXX zurückreichen und den unerschütterlichen Beweis liefern, dass man getrost sagen kann: »in der späteren Grācilāt sehr gebräuchlich.« Es genüge, dass aus den beiden von mir untersuchten Sammlungen der Inschriften des ägäischen Meeres (fasc. 1) und von Pergamon nur die vorchristlichen hier genannt werden: IMAe 808₂ (Rhodos, 3. Jahrh. v. Chr.), 811 (Rhodos, 3. Jahrh. v. Chr.), 63ı.₂ (Rhodos, 2. Jahrh. v. Chr.), 3₆ (Rhodos, 1. Jahrh. v. Chr.); Perg. 167ₐ.ₑ.ıₑ (ca. 166 v. Chr.), 129 und 130 (vor 133 v. Chr.).

καθαρίζω.

CREMER[3] 490 erklärt es für eine Thatsache, »dass καθα-ρίζω überhaupt nur in der bibl.[3] u. (jedoch selten) in der kirchl. Grāc., sich findet.« Aber bereits Clavis[2,3] citiert Joseph. Antt. 11, 5, 4 ἐκαθάριζε τὴν περὶ ταῦτα συνήθειαν. Wichtiger noch ist das Vorkommen des Wortes im rituellen Sinne in den Inschriften. Die Mysterieninschrift von Andania im Peloponnes (93 oder 91 v. Chr.) schreibt Zeile ₃₇ vor: ἀναγραψάντω δὲ καὶ ἀφ' ὧν δεῖ καθαρίζειν καὶ ἅ μὴ δεῖ ἔχοντας εἰσπορεύεσθαι (DITTENBERGER, Sylloge No. 388 p. 571). Ferner kommen in-

---

[1] Sources of N. T. Greek 119.
[2] Er rechnet allerdings auch mit der anderen Möglichkeit, dass das Wort schon vor den LXX gebräuchlich war.
[3] Von CREMER gesperrt.

betracht die inschriftlich zweimal[1] erhaltenen Bestimmungen des Lykiers Xanthos für das von ihm gegründete Heiligtum des kleinasiatischen Gottes Men Tyrannos CIA III 74[2] vergl. 73 (gefunden bei Sunion, nicht älter als die Kaiserzeit). Kein Unreiner darf den Tempel betreten: καθαριζέστω^{ης} δὲ ἀπὸ σ(x)όρδων κα[ὶ χοιρέων] κα[ὶ γυναικός], λουσαμένους δὲ κατακέφαλα αὐθημερὸν εἰ[σπορεύ]εσθαι. In der Kladde CIA III 73 heisst es ausserdem noch καὶ ἀπὸ νεκροῦ καθαρίσζεσται^{ης} δεκα[ται]αν. Die Konstruktion mit ἀπό steht in diesen Fällen wie z. B. 2 Cor. 7₁, Hebr. 9₁₄, welch letztere Stelle von dem bekannten, in unserer Inschrift und sonst häufig belegbaren Gedanken aus zu verstehen ist, dass die Berührung eines Toten kultisch verunreinigt.[3]

κυριακός.

1. Noch *Clavis*[2] 254 bezeichnet das Wort als *vox solum biblica et eccles.*, und A. Jülicher[4] hält gar den Apostel Paulus für den Bildner dieses »neuen« Wortes. Cremer[5] 583 dagegen notiert den ausserbiblischen Gebrauch: »dem Herrn, dem Herrscher eigen, z. B. τὸ κυριακόν, Staats- oder fiskalisches Eigentum, synon. τὸ βασιλικὸν (selten).« Diese Angabe wird auf Stephanus zurückgehen, wo »*Inscript. Richteri p. 416*« citiert sind. Aber seit der Veröffentlichung der Richter'schen Inschriften durch Johann Valentin Francke (Berlin 1830) ist κυριακός noch verhältnismässig oft durch Inschriften und Papyri bekannt geworden. Ich notiere folgende Fälle. In dem Dekret des Präfekten von Ägypten Ti. Julius Alexander CIG III 4957₁₈ (El-Khargeh oder Ghirgé in der Grossen Oase, 68 n. Chr.), auf das mich Herr Professor Dr. Wilcken in Breslau aufmerksam gemacht hat, steht τῶν ὀφειλόντων εἰς κυριακὸν λόγον. Der κυριακὸς λόγος ist die *kaiserliche Kasse*; der κύριος, auf den

---

[1] Das eine Exemplar CIA III 73 ist gleichsam die Kladde, das andere 74 ist sprachlich verbessert und gibt einen längeren Text.

[2] = Dittenberger, *Sylloge* No. 379.

[3] Belege aus dem klassischen Altertum bei Fränkel S. 188 f.

[4] Einleitung in das Neue Testament, 1. u. 2. Aufl., Freiburg i. B. u. Leipzig 1894, 31.

sich das Wort bezieht, ist eben der Kaiser.[1] Ebenso heisst es
BU 1 ıs ı. (Faijûm, 3. Jahrh. n. Chr.) *α[ı̈] καὶ δ[ια]γραφόμεναι
εἰς τὸν κυριακὸν λόγον ὑπὲρ ἐπικεφαλίο[υ] τῶν ὑπεραιρόντων
ἱερέων* und diese [die vorhergenannten Gelder] *sind auch ge-
sahlt worden in die kaiserliche Kasse für das Kopfgeld der
übersähligen Priester*[2], und BU 266 ıı ı. (Faijûm, 216/217 n. Chr.)
kommt der *kaiserliche Dienst* vor: εἰς τὰς ἐν Συρίᾳ κυρι[α]κὰς
ὑπηρεσίας τῶν γενναιοτάτω[ν] στρατευμάτων τοῦ κυρίου ἡμῶν
Αὐτοκράτορος Σε[ου]ήρου Ἀντωνίνου. Aber auch für Kleinasien
fehlt es nicht an Belegen, sämtlich aus der Kaiserzeit. Der
κυριακὸς φίσκος ist genannt CIG III 3919 (Hierapolis in Phrygien [3]),
ebenso ist zu ergänzen in den gleichfalls phrygischen Inschriften
CIG III 3953 h und i; er steht auch CIG III 2842 (Aphrodisiade
in Karien), vergl. 2827. Die *κυριακαὶ ὑπηρεσίαι* endlich kehren
wieder CIG III 3490 (Theatiris in Lydien).[4]

2. Zu der altchristlichen Bezeichnung des *Sonntags* als
ἡ κυριακὴ ἡμέρα oder kurz *ἡ κυριακή*[5] bemerkt CREMER[6] 583,
sie scheine analog dem Ausdrucke *κυριακὸν δεῖπνον* zu sein,
und H. HOLTZMANN[6] sagt noch deutlicher: »Der Ausdruck ist
übrigens gebildet nach Analogie von *δεῖπνον κυριακόν*«. Wenn
man überhaupt nach einer Analogie suchen will, scheint mir
eine andere, durch den Sprachgebrauch der Kaiserzeit gebotene
viel einleuchtender zu sein. Ich teile sie hier mit, ohne freilich
behaupten zu wollen, sie sei von den Christen mit Bewusstsein
als Vorbild für die Schaffung ihres technischen Ausdrucks genommen worden. In der Inschrift von Pergamon 374 B ı. ı
und Dıo (Weihung der pergamenischen Genossenschaft der

---

[1] Vergl. schon Zeile ıı desselben Edikts ταῖς κυριακαῖς ψήφοις.

[2] Briefliche Übersetzung von WILCKEN. Nachträglich finde ich noch
BU 620 ıı (Faijûm, 3. Jahrh. n. Chr.) προσετέθη ἐν τοῖς κυριακοῖς λόγο[ις].

[3] Dies ist die oben genannte RICHTER'sche Inschrift.

[4] Entsprechend kommt auch θεῖος vor: die θεῖαι διατάξεις Pap. Par.
69 III ıı (Elephantine, 232 n. Chr.), herausg. von WILCKEN, Philologus
LIII (1894) S. 83 vergl. 95, sind *kaiserliche* Anordnungen.

[5] Die ältesten Stellen notiert A. HARNACK, Bruchstücke des Evange-
liums und der Apokalypse des Petrus[2] (TU IX 2), Leipzig 1893, 67.

[6] HC IV[2] (1893) 318.

ὑμνῳδοὶ θεοῦ Σεβαστοῦ καὶ θεᾶς Ῥώμης, Zeit des Hadrian) steht dreimal die Abkürzung »Σεβ«. Dazu gibt MOMMSEN bei FRÄNKEL S. 265 die Erklärung: »Σεβ. B₄.₈ Dₗₒ ist Σεβαστῇ und eine schöne Bestätigung der USENERschen Vermutung, dass der erste jeden Monats in Kleinasien Σεβαστή hiess, ebenso wie für Ägypten dies jetzt feststeht; vergl. z. B. LIGHTFOOT, *The apostolic fathers*, *Part II Vol. I* p. 695« [1], und FRÄNKEL S. 512 citiert für Σεβαστή als *erster Tag des Monats* ein neues Zeugnis in der von TH. REINACH, *Revue des Études Grecques* VI (1893) p. 159 bekannt gemachten Inschrift von Iasos Zeile ₁₅ καὶ τὸν κατ' ἐνιαυτὸν γενόμενον τόκον δώσει αἰεὶ τοῦ παρελθόντος ἐνιαυτοῦ μηνὶ πρώτῳ Σεβαστῇ. Wie hiernach der erste Monatstag der *Kaisertag* hiess, so würde der erste Wochentag, ohnehin voll bedeutsamer Beziehung zur evangelischen Geschichte, von den Christen der *Herrntag* genannt worden sein. Die Analogie erhält ihren vollen Wert, wenn sie im Zusammenhange des gesamten Sprachgebrauchs von κύριος betrachtet wird.[2]

λογεία.

Es ist mir gelungen, das Wort noch anderweitig[3] aufzuspüren, zunächst in einer Zusammensetzung: BU 538₁₆ f. (Faijûm, 100 n. Chr.) βοτανισμοὺς καὶ σιφονολογείας[4] καὶ τὴν ἄλλην γεωργικὴν [ὑπη]ρ[εσί]αν. Sodann möchte ich auf 2 Macc. 12₄₃ aufmerksam machen. Hier liest O. F. FRITZSCHE ποιησάμενός τε κατ' ἀνδρολογίαν κατασκευάσματα εἰς ἀργυρίον δραχμὰς

---

[1] Einer Mitteilung meines Freundes B. BESS in Göttingen verdanke ich die Notiz, dass LIGHTFOOT 694 f. folgende Stellen für Σεβαστή notiert: aus Ägypten CIG 4715 und *Add.* 5866c (beide aus der Zeit des Augustus). 4957 (Galba); aus Ephesus eine Inschrift von 104 n. Chr.; aus Traianopolis LEBAS u. WADDINGTON 1676 (130 n. Chr.). Die Untersuchungen von USENER stehen *Bulletino dell' Instit. di Corr. Archeol.* 1874, 73 ff.

[2] Ich hoffe seiner Zeit eine Untersuchung des Gebrauches von ὁ κύριος und ὁ κύριος ἡμῶν in der Kaiserzeit zur Bezeichnung von Göttern und Kaisern geben zu können.

[3] Vergl. Bibelstudien 139 ff.

[4] So schreibt der Papyrus; welche σίφωνες gemeint sind, ist mir nicht klar.

διοχιλίας ἀπέστειλεν εἰς Ἱεροσόλυμα προσαγαγεῖν περὶ ἁμαρτίας
θυσίαν. GRIMM[1] übersetzt die ersten Worte *als er zufolge
einer Collecte sich Geldmittel beigeschafft hatte* und erklärt:
»ἀνδρολογία nach Analogie von ξενολογία Anwerbung, Zusammen-
bringung von Soldaten für den Kriegsdienst, kann hier nichts
Anderes seyn als *collectio viritim facta;* vgl. das in der Profan-
gräcität auch nicht vorkommende λογία für συλλογή. Da Codd.
44. 71 κατ' ἄνδρα λογίαν (74: κατ' ἀνδραλογίαν) bieten, Codd.
52. 55. 74. 106. 243 aber κατασκευάσμ. weglassen, so könnte
man sich versucht fühlen, Jenes für die ursprüngliche LA.,
Dieses für eine Glosse von λογίαν zu halten, wenn nicht κατασκευάσμ. selber zu ungewöhnlich wäre und als Glosse das ge-
wöhnlichere συλλογή näher gelegen hätte.« Ich verstehe nicht,
wie GRIMM hier ἀνδρολογία[2] in Analogie setzen kann zu ξενολογία; denn gerade aus dieser Analogie geht hervor, dass
ἀνδρολογία *Werbung von Männern* heisst. Ebenso entschieden
muss bezweifelt werden, dass das Wort *Sammlung bei jedem
einzelnen Manne* bedeuten kann. Da aber diese Bedeutung in
unserem Zusammenhange notwendig ist, kommt die Lesart
κατ' ἄνδρα λογίαν (schreibe λογείαν[3]) doch wohl ernsthaft inbetracht; κατασκευάσματα kann dabei ruhig stehen bleiben:
*nachdem er bei jedem Einzelnen kollektiert hatte, sandte er
Geldmittel im Betrage von etwa 2000 Silberdrachmen*[4] *nach
Jerusalem.*[5]

νεόφυτος.

LXX Ps. 127 [hebr. 128]₈, 143 [144]₁₃, Jes. 5₇, Job 14₉
im eigentlichen Sinne; 1 Tim. 3₆ *Neuling.* CREMER[6] 987:

---

[1] HApAT IV (1857) 183 f.
[2] Die Ausgabe von VAN ESS schreibt ebenso wie WAHL, *Clavis librorum
V. T. Apocryphorum* 44 ἀνδραλογία. Das ist bei WAHL ein Druckfehler,
wie bald darauf ἀνδραφονέω (vergl. die alphabetische Folge). Ob ἀνδραλογία möglich ist, weiss ich nicht.
[3] Bibelstudien 141.
[4] Konstruktion wie z. B. εἰς ἑξήκοντα ταλάντων λόγος *eine Summe
von ungefähr 60 Talenten.*
[5] SWETE schreibt ποιησάμενός τε κατ' ἀνδρολογεῖον εἰς ἀργυρίου
δραχμὰς δισχιλίας .... Was κατ' ἀνδρολογεῖον bedeuten soll, ist mir unklar.

»frisch aufgewachsen; nur noch in der bibl. u. kirchl. Gräc.
(nach Poll. auch von Aristoph. gebraucht)«; *Clavis*⁸ 295 citiert
ausser den biblischen Stellen nur »*script. eccles.*« Schon des
Pollux Hinweis auf Aristophanes hätte vor einer Isolierung des
Wortes warnen sollen, die auch ausserdem durch die Bildung
und Bedeutung nicht im geringsten empfohlen wird. *νεόφυτος*
steht BU 563 I ₉.₁₄ ᵤ.₁₆, II ₆.₁₂ (Faijûm, 2. Jahrh. n. Chr.) ¹ von
neugepflanzten Palmbäumen (vergl. LXX Ps. 127 [128] ₃ *νεό-
φυτα ἐλαιῶν*), ebenso BU 565 ₁₁ und 566 ₈ (Fragmente derselben
Urkunde wie 563).

ὀφειλή.

*Clavis*⁸ 326: »*Neque in graeco V. Ti. cod., neque ap. profanos offenditur.*« Diese negative Bestimmung war jedenfalls
vorsichtiger, als die positive bei Cremer⁸ 737: »nur in der
neutestamentl. Gräc.« Beide erledigen sich durch die Papyri.²
In der Bedeutung *Schuld* (im eigentlichen Sinne wie Matth.
18₈₈) steht das Wort in den Formeln BU 112₁₁ (ca. 60 n. Chr.)
καθαρὰ ἀπό τε ὀφιλῆς ᵉⁱᶜ *καὶ ὑ[π]οθήκης καὶ παντὸς διεγγυή-
ματος*, 184₂₆ (72 n. Chr.) [*καθ*]*αρὸν ἀπὸ* [*ὁ*]*φειλ(ῆς)* [*καὶ*] *ὑπο-
θήκ*[*ης καὶ παντὸς*] *δ*[*ι*]*ειγγυ*[*ήμ(ατος)*)] ᵉⁱᶜ, 536₆₁. (Zeit des Domitian) *καθ*[*αρ*]*ὰ ἀπό τε ὀφειλ(ῆς)* [*καὶ ὑπο*]*θήκης καὶ παντὸς
διεγγ(υήματος)*, PER CCXX₁₀ (1. Jahrh. n. Chr.⁸) *καθαρὸν ἀπ'
ὀφειλῆς* [*πά*]*ση(ς) καὶ παντὸς διειγνυήματος* ᵉⁱᶜ, ferner BU 624₁₉
(Zeit des Diokletian) *ἱερᾶς μὴ ἀμέλει ὀφιλῆ*[*ς*] ᵉⁱᶜ.⁴ Alle citierten
Papyri sind aus dem Faijûm.

ἀπὸ πέρυσι.

»Viele dieser Compositionen [der Verbindung von Präpo-
sitionen mit Adverbien des Ortes und der Zeit] lassen sich nur

---

¹ »Frühestens aus der Zeit des Hadrian« (Wilcken zu diesem Papyrus).
² Nachträglich sehe ich im Pape, dass das *Etymologicum Magnum*
das Wort schon aus Xenophon citiert!! Das hätten die neutestamentlichen
Lexikographen wahrhaftig notieren können. Die Notiz des *Et. M.* über
ὀφειλή lautet: ... *σπανίως δὲ εὕρηται ἐν χρήσει· εὑρίσκεται δὲ παρὰ
Ξενοφῶντι ἐν τοῖς Περὶ Πόρων.*
³ S. 296 wird dieser Papyrus ins 2. Jahrhundert versetzt.
⁴ Der Sinn ist mir nicht ganz klar; vielleicht ist die *heilige Schuld*
eine Schuld an die Tempelkasse.

in Schriftstellern nach Alexander, zum Theil nur in Scholiasten, auffinden......, einige, wie *ἀπὸ πέρυσι* (wofür *προπέρυσι* oder *ἐκπέρυσι*), sind nicht einmal da anzutreffen«.[1] Wir treffen *ἀπὸ πέρυσι* (2 Cor. 8 10, 9 2) indessen in dem Papyrusbriefe BU 531 II 1 (Faijûm, 2. Jahrh. n. Chr.) an.

προσευχή.

1. Nach CREMER[3] 420 scheint das Wort »in der Prof.-Gräc. gar nicht vorzukommen ... u. somit ein Wort hellenistischer Bildung zu sein, anschliessend an die mit dem Gebr. von *προσεύχεσθαι* vorgegangene Wandlung u. zugleich ein charakteristisches Zeichen des Unterschiedes Jsraels von der Völkerwelt.« Gegen diese Isolierung spricht die Thatsache, dass *προσευχή Gebetsstätte*[2] auch im heidnischen Cultus vorkommt.[2]

2. Die seither bekannt gewordenen und verwerteten Belege für *προσευχή* von einer jüdischen Gebetsstätte[4] werden an Alter wohl sämtlich von einer unterägyptischen Inschrift übertroffen, die wahrscheinlich aus dem 3. Jahrh. v. Chr. stammt, CIL III *Suppl.* 6583 (Original im Berliner Ägyptischen Museum): »*Βασιλίσσης καὶ βασιλέως προσταξάντων ἀντὶ τῆς προαναχειμένης περὶ τῆς ἀναθέσεως τῆς προσευχῆς πλακὸς ἡ ὑπογεγραμμένη ἐπιγραφήτω· Βασιλεὺς Πτολεμαῖος Εὐεργέτης τὴν προσευχὴν ἄσυλον. Regina et rex iusserunt.*« »Wie MOMMSEN erkannt hat, sind die Königin und der König, die die Synagogeninschrift erneuern lassen, Zenobia und Vaballath [ca. 270 n. Chr.]. Ob der Stifter Euergetes I oder II ist,

---

[1] WINER-LÜNEMANN S. 394.

[2] Im Sinne von *Gebet* ist mir das Wort im heidnischen Sprachgebrauche bis jetzt nicht bekannt. Aber zur Beantwortung der Frage nach seiner »Bildung« genügt ein Nachweis seines Vorkommens ausserhalb der Bibel. Dass der heidnische Gebrauch etwa auf jüdischen Einfluss zurückzuführen sei, ist unwahrscheinlich.

[3] Nachweise bei SCHÜRER, Geschichte des jüdischen Volkes im Zeitalter Jesu Christi II (1886) 370.

[4] Nachweise ebenda und bei THAYER *s. v.* Letzterer citiert noch Cleomedes 71, 16.

lässt er offen«.[1] Wilcken entscheidet sich für Euergetes I. († 222 v. Chr.) gegen Willrich, der für Euergetes II. († 117 v. Chr.) stimmt. Die Gründe des ersteren haben mir eingeleuchtet; näher darauf einzugehen, würde hier zu weit führen. Aber es sei noch gestattet, die interessante Schlussbemerkung von Wilcken zu der Inschrift (Sp. 1494) wiederzugeben: »Es ist bisher wohl nicht beachtet worden, dass die Auslassung des $\vartheta\epsilon\acute{o}\varsigma$ vor $E\grave{\upsilon}\epsilon\varrho\gamma\acute{\epsilon}\tau\eta\varsigma$ ein Unicum ist, da die Gottesbezeichnung in offiziellen Akten regelmässig stehen muss. Folglich hat der König hier mit Rücksicht auf die Empfindlichkeit der Juden auf den $\vartheta\epsilon\acute{o}\varsigma$ verzichtet.«

$\sigma o \upsilon \delta \acute{a} \varrho \iota o \nu.$

Weder von *Clavis*[8] noch von Thayer ausserhalb des N. T. nachgewiesen.[2] In den Faijümer Heiratsverträgen PER XXVII r. (190 n. Chr.) und XXI ı» (230 n. Chr.) wird das $\sigma o \upsilon \delta \acute{a} \varrho \iota o \nu$ unter den Toilettegegenständen der Aussteuer genannt.

$\acute{\upsilon} \pi o \pi \acute{o} \delta \iota o \nu.$

Noch Winer-Schmiedel § 3,2 e (S. 23) rechnet das zuerst bei den LXX sich findende $\acute{\upsilon} \pi o \pi \acute{o} \delta \iota o \nu$ zu den Wörtern, die möglicher Weise von den Juden selbst nach Analogie gebildet sein mögen, vielleicht aber auch schon in der Volkssprache kursierten, ohne dass wir sie bis jetzt belegen können. Ausserbiblische Belege notiert *Clavis*[8] aus Lucian und Athenaeus. Dieselben würden meines Erachtens genügen, um die Annahme einer jüdischen Provenienz des Wortes zu beseitigen. Lehrreicher noch ist sein Vorkommen in den Papyri. In den beiden Faijümer Heiratskontrakten PER XXII 8 (Zeit des Antoninus Pius) und XXVII ıı (190 n. Chr.) wird unter den zur Aussteuer der Braut gehörenden Möbeln ein Sessel mit dazu gehörendem Fussscheinel, $\kappa \alpha \vartheta \acute{\epsilon} \delta \varrho \alpha \ \sigma \grave{\upsilon} \nu \ \acute{\upsilon} \pi o \pi o \delta \acute{\iota} \varphi$, genannt.

---

[1] Wilcken, Berl. Philol. Wochenschr. XVI (1896) Sp. 1493 (Recension von Willrich, Juden und Griechen vor der makkab. Erhebung, Göttingen 1895).

[2] Wenn irgendwo, dann haben wir bei einer Gräcisierung wie $\sigma o \upsilon \delta \acute{a} \varrho \iota o \nu$ mit dem Zufalle zu rechnen, wenn sie seither nur im N. T. belegt war.

3. Gemeingriechisches von angeblich »biblischer« resp. »neutestamentlicher« Specialbedeutung oder -konstruktion.

ἀντίλημψις.

Zu den älteren Stellen aus den Ptolemäerpapyri, durch die das Wort in der Bedeutung *Hilfe* verweltlicht wird [1], kommt BU 613₁₉ (Faijûm, wahrscheinlich Zeit des Antoninus Pius).

ἀρεσκεία.

»Selbst Begriffe, die bei den Griechen durch die ausschliesslich menschliche Beziehung ins Gemeine herabsinken, wie ἀρέσκεια *etc*, die Schmeichelei, die es allen recht zu machen sucht, gewinnen in der Schrift durch das Vorherrschen der Beziehung auf die göttliche Norm einen tiefren Gehalt. Das Wort steht Col. 1,10 unzweifelhaft in anerkennendem Sinn, und ist diese Umwandlung hauptsächlich von dem herrschenden Gebrauch des ἀρεστός und εὐάρεστος bei den LXX wie im Neuen Testament herzuleiten.« Diese Behauptung hätte G. VON ZEZSCHWITZ [2] nicht aussprechen dürfen, nachdem längst durch den alten LÖSNER eine ganze Anzahl von Stellen aus Philo nachgewiesen war, wo das Wort zweifellos im guten Sinne steht, sogar von dem Verhalten gegen Gott. [3] Im guten Sinne gebraucht ἀρεσκεία auch die Inschrift bei LATYSCHEV, *Inscriptiones regni Bosporani* II 5 (Zeit?) χάριν τῆς εἰς τὴν πόλιν ἀρεσκείας. [4]

ἐπιθυμητής.

Nach CREMER [5] 456 bei den Griechen im guten Sinne; »da gegen« 1 Cor. 10₆ ἐπιθυμητής κακῶν, »entspr. der unter ἐπιθυμία bemerkten Entwickelung des Begriffs«. Aber im übeln Sinne steht es auch BU 531 II₂₃ (Faijûm, 2. Jahrh. n. Chr.) οὔτε εἰμὶ ἄδικος οὔτε ἀ[λ]λοτρίων ἐπιθυμητής. [6]

---

[1] Bibelstudien 87.
[2] Profangraecitaet und biblischer Sprachgeist, Leipzig 1859, 61.
[3] Diese Nachweise sind von CREMER [5] 159 mit Recht übernommen.
[4] Ich citiere nach FRÄNKEL S. 315.
[5] In dieser Verbindung haben wir ein Synonymon zu dem seither nur im christlichen Sprachgebrauche nachgewiesenen ἀλλοτριοεπίσκοπος, was namentlich durch die Zusammenstellung mit ἄδικος klar wird.

4*

ἱλάσκομαι.

Nach CREMER[8] 471 soll die Konstruktion des Wortes in der »biblischen« Grācität von dem Gebrauche der Profanschriftsteller »in auffallender Weise« abweichen. Zum Beweise wird besonders das Kompositum *ἐξιλάσκομαι* geltend gemacht, dessen Gebrauch in der »biblischen« Grācität gegenüber den Konstruktionen des Profangriechischen »desto bemerkenswerter u desto ernster zu werten« sei. CREMER rechnet die biblische Verbindung *ἐξιλάσκεσθαι τὰς ἁμαρτίας* zu den »auffallendsten im Vergleich zur Prof.-Grāc.«.[1] Sie ist indessen auch ausserhalb der Bibel anzutreffen. In den inschriftlich zweimal erhaltenen Bestimmungen des Lykiers Xanthos für das von ihm gegründete Heiligtum des kleinasiatischen Gottes Men Tyrannos CIA III 74[2] vergl. 73 (gefunden bei Sunion, nicht ãlter als die Kaiserzeit) kommt der eigenartige Passus vor *ὃς ἂν δὲ πολυπραγμονήσῃ τὰ τοῦ θεοῦ ἢ περιεργάσηται*[8], *ἁμαρτίαν ὀφ(ε)ιλέτω Μηνὶ Τυράννῳ, ἣν οὐ μὴ δύνηται ἐξειλάσασθαι*"[c].

Höchst interessant ist hier übrigens auch *ἁμαρτίαν ὀφείλω*, offenbar gebraucht wie *χρέος ὀφείλω*, die *ἁμαρτία* ist gefasst als *Schuld*.

λικμάω.

Luc. 20ıs (vergl. eventuell Matth. 21₄₄) *πᾶς ὁ πεσὼν ἐπ᾽ ἐκεῖνον τὸν λίθον συνθλασθήσεται· ἐφ᾽ ὃν δ᾽ ἂν πέσῃ, λικμήσει αὐτόν* wird *λικμᾶν* von B. WEISS[4] und H. HOLTZMANN[5] in der seither allein nachgewiesenen Bedeutung *worfeln* gefasst. Aber einmal wird so jeder Parallelismus der beiden Sätze aufgehoben, sodann jedoch ein Bild gewonnen, welches schwer denkbar ist: *jeden, auf den der Stein fällt, wird er worfeln.* Wenn man demgemäss nach inneren Gründen entscheidet, kommt man zu einer dem *συνθλᾶν* synonymen Bedeutung von *λικμᾶν.* That-

---

[1] Vergl. auch BLASS, Gr. S. 88 Anm. 1: »*'Ιλάσκεσθαι ἁμαρτίας* H 2ıᴈ fällt durch das Objekt auf, indem klass. (*ἐξ*)*ιλάσκ. θεόν* „sich gnädig stimmen". Aehnl. indes (= *expiare*) auch LXX Philon.«

[2] DITTENBERGER, *Sylloge* No. 379. Vergl. oben S. 44 zu *καθαρίζω.*

[3] Vergl. 2 Thess. 3ıı.

[4] MEYER I 1[8] (1890) 363.

[5] HC I[4] (1892) 239 f.

sächlich hat schon die Vulgata das Wort so verstanden: Matth. 21₄₄ *conteret*, Luc. 20₁₈ *comminuet*; so auch Luther und die meisten: *er wird zermalmen*. *Clavis*³ 263 adoptiert diese Fassung mit der Notiz »*usu a profanis alieno*«. Wir haben hier wohl einen der Fälle, wo es völlig unerfindlich ist, weshalb gerade bei diesem Worte die »biblische« Gräcität eine Bedeutungsverschiebung sollte vorgenommen haben. Wenn *λικμάω zermalmen* möglich ist, dann ist es nur ein Zufall, dass das Wort ausserhalb der Bibel so noch nicht belegt ist. Ein Papyrus scheint mir indessen diesem Mangel abzuhelfen. In dem Fragmente eines Strafantrags BU 146 ₅ π. (Faijûm, 2./3. Jahrh. n. Chr.) berichtet der Antragsteller: *ἐπῆλθαν Ἀγαθοκλῆς καὶ δοῦλος Σαραπίωνος Ὀννώφρεως κ[αὶ ἄ]λλος ξένο[ς] ἐργά[της αὐ]τοῦ τῇ ἀλωνίᾳ μου καὶ ἐλίκμησάν μου τὸ λάχανον* ¹ *καὶ οὐχ [ὁ]λ[ί]γην ζη[μ]είαν*ⁿⁱᶜ *μοι ἐζημιωσάμην*. Völlig klar ist mir die Unthat der drei Halunken nicht, aber sicher ist doch wohl, dass sie das *λάχανον* nicht *geworfelt* haben; sie werden es *zertreten, zerstampft* oder sonstwie *ruiniert*ⁱ haben. Wir würden etwa zu der allgemeineren Bedeutung *verderben* zu greifen haben, mit der man übrigens auch an den neutestamentlichen Stellen recht wohl auskommt. Dass *worfeln* zu dieser Bedeutung gelangen kann, ist begreiflich; Mittelglied wäre etwa *zerstreuen*, was *Clavis*³ LXX Jer. 31 [38]₁₀ und anderwärts statuiert: der mit Spreu vermischte Getreidehaufe wird durch das Worfeln in seine Bestandteile aufgelöst, zerstreut. Jedenfalls ist diese Vermutung begründeter, als die von CARR⁸ ausgesprochene, die Bedeutungen *worfeln* und *zermalmen* seien in Ägypten deshalb associiert, weil hier vor dem Worfeln ein Dreschwagen über das Getreide gezogen worden sei, der das Stroh zermalmt habe (!).

λούω.

CREMER⁸ 623: »Während in der Prof.-Gräc. für religiöse Waschungen *νίζειν* resp. *ῥίπτειν* gebräuchlich war — ......, ist bei den LXX *λούειν* das dem hebr. רחץ entspr. Wort für

---

¹ Über das erste α ist im Original ein zweites α gesetzt.
⁴ Vergl. Judith 2₁₁ *τὰ πεδία ἐξελίκμησε*.
³ Citiert bei KENNEDY, *Sources of N. T. Greek* 126 f.

die theokrat. Waschungen behufs Entsündigung«. Unberechtigte
Gegenüberstellung des »profanen« und des »biblischen« Griechisch, die CREMER selbst nicht aufrecht erhalten kann; denn
er muss gleich darauf zugestehen: »Ganz ungebräuchl. für relig.
Waschungen scheint freilich das Wort in der Prof.-Gräc. nicht
gewesen zu sein; Plut. Probl. Rom. 264, D: λούσασϑαι πρὸ
τῆς ϑυσίας. Soph. Ant. 1186: τὸν μὲν λούσαντες ἁγνὸν λου-
τρόν«. Statt »nicht ganz ungebräuchlich« darf man, da jene
Gegenüberstellung nicht verteidigt zu werden braucht, ruhig
»gebräuchlich« sagen. Mir sind bis jetzt noch drei »profane«
Stellen bekannt geworden; die beiden ersten sind auch grammatisch interessant wegen der Konstruktion des Wortes mit
ἀπό (Act. Ap. 16₃₃). Perg. 255, eine auf die gottesdienst-
lichen Ordnungen des Athenatempels zu Pergamon bezügliche
Inschrift aus frührömischer Zeit, bestimmt Zeile 4ff., dass das
Heiligtum betreten dürfen nur οἱ .. ἀπὸ μὲν τῆς ἰδίας γ[υναι]κὸς
καὶ τοῦ ἰδίου ἀνδρὸς αὐϑημερόν, ἀπὸ δὲ ἀλλοτρίας κ[αὶ] ἀλλο-
τρίου δευτεραῖοι λουσάμενοι, ὡσαύτως δὲ καὶ ἀπὸ κήδους κ[α]ὶ
τεκούσης γυναικὸς δευτεραῖο(ι). FRÄNKEL S. 188 bemerkt dazu:
»Dass der Beischlaf, die Berührung von Toten und Gebärenden
vor dem Verkehr mit den Göttern eine religiöse Reinigung
nötig macht, ist bekannt«. Ich entnehme seiner Angabe S. 189
die beiden anderen Stellen. In den Bestimmungen des Lykiers
Xanthos für das von ihm in Athen gegründete Heiligtum des
Men Tyrannos CIA III 73 (gefunden bei Sunion, nicht älter als
die Kaiserzeit) kommt ganz ähnlich vor ἀπὸ δὲ γυναικὸς λουσά-
μενο[ν?]. Endlich enthält der Stein aus Julis bei RÖHL, Inscr.
antiqu. 395 (= DITTENBERGER, Sylloge 468) die Bestimmung,
dass die durch Berührung eines Toten Verunreinigten λουσαμένους περὶ πάντα τὸν χρῶτα ὕδατος χύσι rein seien.

πάροικος.

Nach CREMER⁹ 695 hat es den Anschein, als ob die »profane« und die »biblische« Gräcität sich in dem Gebrauche des
Wortes von einander entfernten, speciell als sei πάροικος im
Sinne von Beisasse der ersteren fremd, die dafür μέτοικος gebrauche. Schon Clavis⁸ 341 weist dagegen Philo, De cherub.

§ 34 (p. 160 f. M.) nach, wo *πάροικος* mehrfach im Gegensatz
zu *πολίτης* steht. Wenn Philo als profaner Autor im strengen
Sinn nicht gelten sollte, stehen die Inschriften zugebote.
IMAe 1033ϋ (Karpathos, 2 Jahrh. v. Chr. ?) wird die Bevölkerung in
πολῖται und *πάροικοι* geschieden; deutlicher noch ist Perg.
249 ιε.εο.εε (133 v. Chr.), wozu FRÄNKEL S. 173 bemerkt: »Wir
lernen als politische Classen der Bevölkerung kennen: 1. Bürger
(*πολῖται*), 2. Beisassen (*πάροικοι*), 3. verschiedene Kategorien
von Soldaten (*στρατιῶται* ..), 4. Freigelassene (*ἐξελεύθεροι*),
5. Sklaven, ... Da die Nachkommen der freigelassenen Sklaven
durch Z. εοε. des gegenwärtigen Erlasses erst zu Beisassen gemacht werden, so ist klar, dass die *ἐξελεύθεροι* nicht von selbst
in den Paroikenstand übergingen, sondern erst noch eine
Zwischenstufe bildeten. Ebenso war es in Keos nach der Inschrift bei DITTENBERGER, *Sylloge* 348 ιο und in Ephesos zur Zeit
des mithridatischen Krieges nach LEBAS, *Asie* 136 a (DITTEN-
BERGER, *Sylloge* 253) Z. εε ε. wo auch wie in unserer Urkunde
die *δημόσιοι* [= die öffentlichen Sklaven] gleich in die Classe
der *πάροικοι*, nicht erst der *ἐξελεύθεροι* erhöht werden«.[1]

4. Technische Ausdrücke.

ἀθέτησις (und *εἰς ἀθέτησιν*).

*Clavis*³ 9: »*raro apud profanos inferioris aetatis, ut Cic.
ad Att. 6,9. Diog. Laert. 3. 39,66, ap. grammat. improbatio;
saepius ap. ecclesiasticos scriptores*«. Lehrreich für das Vorkommen des Wortes gerade in der Hebräerepistel (7ιε, 9εε)
ist sein Gebrauch in Papyri aus dem Faijûm: BU 44 ιε (102
n. Chr.) verbunden mit *ἀκύρωσις* mit Bezug auf eine Urkunde, genau so auch 196 ει ε. (109 n. Chr.), 281 ιε ε. (Zeit des
Trajan) und 394 ιε ε. (137 n. Chr.). An allen diesen Stellen
ist *ἀθέτησις* im juristisch-technischen Sinne gebraucht, und
zwar in der Formel *εἰς ἀθέτησιν καὶ ἀκύρωσιν*. Damit vergleiche man *εἰς ἀθέτησιν* Hebr. 9εε und den Gebrauch der

---

[1] Ich teile diesen Exkurs mit, weil er weiteres inschriftl. Material
bietet. Auch KENNEDY, *Sources of N. T. Greek* 102 verweist auf die Inschriften (CIG 3595 »etc.«).

entgegengesetzten Formel *εἰς βεβαίωσιν* LXX Lev. 25₂₃, Hebr.
6₁₆ und in den Papyri.[1] Die Formel hat sich noch lange erhalten; wir finden *εἰς ἀθέτησιν καὶ ἀκύρωσιν* noch PER XIV₁₇ɛ.
(Faijûm, 166 n. Chr.) und IX₁₀ (Hermopolis, 271 n. Chr.).

ἀναπέμπω.

Die von *Clavis*³ 27 und THAYER 41 gegebenen Belege für
die Bedeutung *ad personam dignitate, auctoritate, potestate superiorem sursum mitto* (Luc. 23₇, Act. Ap. 25₂₁) aus Philo,
Josephus und Plutarch können durch Faijûmer Papyri sehr
vermehrt werden: BU 19 I₂₀ (135 n. Chr.), 5 II₁₉ɛ. (138 n. Chr.),
613₄ (Zeit des Antoninus Pius?), 15 I₁₇ (194 n. Chr.), 168₂₆
(2./3. Jahrh. n. Chr.).

ἀπέχω.

Zu dem Gebrauche Matth. 6₂·₅·₁₆, Luc. 6₂₄, Phil. 4₁₈ *ich
habe empfangen* ist das ständige Vorkommen des Wortes in
Quittungen der Papyri beachtenswert; zwei wegen ihrer zeitlichen Nähe zu obigen Stellen lehrreiche Fälle sind z. B. BU
584₅ɛ. (Faijûm, 29. December 44 n. Chr.) *καὶ ἀπέχω τὴν συνκεχωρημένην τιμὴν πᾶσαν ἐκ πλήρους* und 612₂ɛ. (Faijûm, 6. September 57 n. Chr.) *ἀπέχω παρ' ὑμῶν τὸν φόρον τοῦ ἐλα[ι]ουργίου, ὧν ἔχετέ [μο]υ ἐν μισθώσει.* Das *sie haben ihren Lohn
dahin* der Bergpredigt gewinnt, von hier aus verstanden, die
schärfere, ironisch pointierte Bedeutung *sie können über den
Empfang ihres Lohnes quittieren:* ihr Recht auf Empfang des
Lohnes ist verwirkt, als hätten sie bereits eine Quittung darüber ausgestellt. *Quittung* heisst ja geradezu *ἀποχή*, und in
byzantinischer Zeit kommt auch *μισθαποχή*² vor.

βεβαίωσις.

Die Verbindung der Begriffe *βεβαιοῦν* resp. *βεβαίωσις* mit
*ἀρραβών*³ findet sich auch BU 446 [= 80]₁₈ (Zeit des Marc
Aurel); leider ist der Satz verstümmelt.

---

[1] Bibelstudien 101 ff.

² WESSELY, *Corpus Papyrorum Raineri* I 1, 151; ein Beleg ist dort
nicht gegeben. Das Wort dürfte *Pacht-* resp. *Mietquittung* bedeuten, nicht
Pachturkunde, wie WESSELY annimmt.

³ Bibelstudien 104.

57

διακούω.

In der technischen Bedeutung *verhören* (Act. Ap. 23 ₈₅, vergl. LXX Deut. ₁₁₈, Dio Cass. 36, 53 [36]) auch BU 168 ₈₉ (Faijûm, 2./3. Jahrh. n. Chr.).

τὸ ἐπιβάλλον μέρος.

Zu Luc. 15 ₁₂ öfter nachgewiesen; technische Formel, die auch in den Papyri gebraucht wird: BU 234 ₁₂. ₈ (Faijûm, 121 n. Chr.) τὸ καὶ αὐτῷ ἐπιβάλλον μέρος, 419 ₈ ₁. (276/277 n. Chr.) τὸ ἐπιβάλλον μοι μέρος des väterlichen Erbes, ähnlich 614 ₁₇ ₁. (Faijûm, 216 n. Chr.) τὴν ἐπιβάλλουσαν αὐτῇ τῶν πατρῴω[ν] μερίδα.

ἐπίσκοπος.

Als Amtsbezeichnung weist CREMER⁸ 889 im Anschluss an PAPE das Wort ausserhalb des N. T. nur in einem Falle nach: »In Athen hiessen so besonders die in die unterworfenen Städte geschickten Männer, welche die Angelegenheiten derselben leiteten«. Als kommunale Beamte kommen jedoch ἐπίσκοποι in Rhodos vor; so wird ein Kollegium von fünf ἐπίσκοποι IMAe 49 ₄₃ ₈. (2./1. Jahrh. v. Chr.) genannt, drei ἐπίσκοποι sind 50 ₃₄ ₈. (1. Jahrh. v. Chr.) aufgezählt. Über ihre Funktionen ergeben die beiden Inschriften nichts, die ἐπίσκοποι stehen in der ersten neben folgenden Beamten: [πρυτανεῖς (?)], γραμματεὺς βουλᾶς, ὑπογραμματεὺς [β]ου[λᾶ]ι καὶ π[ρ]υτανεῦσ[ι], στραταγοί, [ἐπὶ] τὰν χώραν, [ἐπὶ] τὸ πέραν, γραμματεύς, [ταμίαι], γραμματεύς, ἐπίσκοποι, γραμματεύς, ἐπιμεληταὶ τῶν ξέ[νων], γραμματεύς, ἁγεμὼν ἐπὶ Καύνο[υ], ἁγεμὼν ἐπὶ Καρίας, ἁγεμὼν ἐπὶ Λυκίας. In der zweiten ist die Reihenfolge diese: [πρυτανεῖς(?)], [στρα]ταγοί, ταμίαι, ἐπίσκοποι, ὑπογραμματεὺς βουλᾶι καὶ [πρυτανεῦσι(?)]. Wichtiger dürfte indessen die Thatsache sein, dass ebenfalls in Rhodos ἐπίσκοπος technischer Ausdruck auch für den Träger eines *sakralen* Amtes gewesen ist. Die vorchristliche Inschrift IMAe 731 zählt folgende Beamte des Apollotempels auf: drei ἐπιστάται, einen γραμματεὺς ἱεροφυλάκων, einen ἐπίσκοπος¹ Zeile ₈, sechs ἱερο[π]οιοί, einen [ταμί]ας,

---

¹ Deutlich zu lesen ist επισκοπο, danach entweder ein ι oder das Fragment eines anderen Buchstabens. In der Umschrift schreibt der

einen *ὑπο[γραμματε]ὺς ἱερ[οφ]υλάκων.* Über die Funktionen dieses *ἐπίσκοπος* muss ich mich jeglicher Vermutung enthalten. Der blosse Umstand, dass das Wort bereits in den vorchristlichen sakral-technischen Sprachgebrauch aufgenommen ist, ist wichtig genug.

θεολόγος.

Wegen der Bezeichnung des Apokalyptikers Johannes als des *θεολόγος* in mehreren Handschriften[1] ist das Wort in die *Clavis* aufgenommen. Wertvolles Material für den kleinasiatischen Sprachgebrauch hat FRÄNKEL S. 264 f. zu Perg. 374 A 80 (Weihung der pergamenischen Genossenschaft der *ὑμνῳδοὶ θεοῦ Σεβαστοῦ καὶ θεᾶς Ῥώμης,* Zeit des Hadrian) zusammengestellt; ich lasse seine Angaben hier folgen, die Citate konnten von mir nicht verglichen werden: »Die Würde eines *θεολόγος* (Z. 80) ist auch sonst für Pergamon bezeugt, und zwar wird sie als eine dauernde verliehen worden sein, da ein und derselbe Mann, Ti. Claudius Alexandros sie unter Caracalla und unter Elagabal bekleidete (s. unten zu No. 525 Z. 8). Als eponymer Magistrat begegnet in Pergamon ein weiterer Theologe Glykon auf einer Münze mit dem Bilde des Herennius Etruscus (MIONNET Suppl. V p. 472 Nr. 1160). Auffallend ist, dass P. Aelius Pompeianus, *μελοποιὸς καὶ ῥαψῳδὸς θεοῦ Ἀδριανοῦ,* der unter Antoninus Pius nach einer Inschrift von Nysa (*Bullet. de corr. hellén.* 9, 125 f. Z. 4 und 43) *θεολόγος ναῶν τῶν ἐν Περγάμῳ* war, als Bürger von Side, Tarsos und Rhodos, nicht aber von Pergamon bezeichnet wird. Kein Zufall kann es sein, dass wir den Titel *θεολόγος* in denselben gleich Pergamon mit der Neokorie bekleideten beiden kleinasiatischen Städten finden, für die wir auch die Kaiserhymnodie nachweisen konnten: für Smyrna sind Theologen bezeugt durch die oben zu No. 269

Herausgeber *ἐπίσκοποι.* Da aber nur ein einziger Name folgt, dürfte es richtiger sein, *ἐπίσκοπο[ς]* zu lesen. So schreibt denn auch der Index S. 235, der manche stillschweigende Verbesserung enthält.

[1] PER XXX 8 f. (Faijûm, 6. Jahrh. n. Chr.) liest WESSELY *του αγιου Ιωαννου του ευλογου και ευαγγελιστου* und übersetzt *des heiligen Johannes, Apostels und Evangelisten.* Ist nicht *θεολόγου* zu lesen?

(S. 205 Schluss) ausgeschriebene Stelle aus C. I. Gr. 3148 [Zeile 34 ff.: ὅσα ἐνετύχομεν παρὰ τοῦ κυρίου Καίσαρος Ἀδριανοῦ διὰ Ἀντωνίου Πολέμωνος· δεύτερον δόγμα συγκλήτου, καθ᾽ ὅ δὶς νεωκόροι γεγόναμεν, ἀγῶνα ἱερόν, ἀτέλειαν, θεολόγους, ὑμνῳδούς] und durch C. I Gr. 3348, wo wie in unserer Inschrift dieselbe Person ὑμνῳδός καὶ θεολόγος ist; für Ephesos durch *Greek inscr. in the Brit. Mus.* III 2 No. 481 Z. 101 f.: ὁμοίως καὶ τοῖς θεολόγοις καὶ ὑμνῳδοῖς, wo man nach dem nur einmal gesetzten Artikel ebenfalls Theologen verstehen muss, die zugleich Hymnoden waren. In Heraklea am Pontos giebt es einen Theologen für die Mysterien: C. I. Gr. 3803 ὑπατικὸν καὶ θεολόγον τῶν τῇδε μυστηρίων, und auch in Smyrna sind die weiblichen Theologen, αἱ θεολόγοι, die wir dort neben den männlichen finden, mit den Mysterien der Demeter Thesmophoros befasst: C. I. Gr. 3199. 3200«.

πλῆθος.

Mit beigefügtem Genetiv eines Völkernamens bedeutet das Wort oft nicht einfach *Menge*, sondern *Volk* im offiziellen politischen Sinne. So steht τὸ πλῆθος τῶν Ἰουδαίων 1 Macc. 8 20, 2 Macc. 11 16 (wie 14 ὁ δῆμος τῶν Ἰουδαίων), Ep. Arist. p. 67 18 (Schm.) und wohl auch Act. Ap. 25 24. Die Inschriften geben für diesen Gebrauch weiteres Material: IMAe 85 4 (Rhodos, 3. Jahrh. v. Chr.) τὸ πλῆθος τὸ Ῥοδίων, ebenso 90 7 (Rhodos, 1. Jahrh. v. Chr.); ferner 846 10 τὸ πλῆθος τὸ Λινδίων (Rhodos, Zeit?), ebenso 847 14 (Rhodos, 1. Jahrh. v. Chr.) und in vielen anderen rhodischen Inschriften.

Auch im Sprachgebrauche der religiösen Genossenschaften hat das Wort eine technische Bedeutung: es bezeichnet die Gesamtheit der Genossen, die *Gemeinde* IMAe 155 4 (Rhodos, 2. Jahrh. v. Chr.) τ[ὸ] πλῆθος τὸ Ἁλιαδᾶν καὶ [Ἁλια]στᾶν, ebenso 156 5.[1] Vergl. damit Luc. 1 10, 19 37, Act. Ap. 2 6, besonders aber 15 30, wo die antiochenische Christen*gemeinde* τὸ πλῆθος genannt wird. So wird τὸ πλῆθος auch 4 31 nicht

---

[1] Der Herausgeber bemerkt dazu im Index S. 298: »πλῆθος i. q. κοινόν«.

60

Menge, Masse zu erklären sein, sondern *Gemeinde*, ebenso 6 **s. s,**
15 **ss**, 19**s**, 21 **ss**.

<u>πρᾶγμα ἔχω πρός τινα.</u>

Im forensischen Sinne *Rechtssache* steht πρᾶγμα in den
Papyri sehr oft; ich citiere nur BU 22**ss**. (Faijûm, 114 n. Chr.)
ἁπλῶς μηδὲν ἔχουσα πρᾶγμα πρὸς ἐμέ wegen 1 Cor. 6**s** τίς
ὑμῶν πρᾶγμα ἔχων πρὸς τὸν ἕτερον.

<u>πρεσβύτερος.</u>

Bibelstudien 153 f. habe ich den Nachweis versucht, einmal dass πρεσβύτερος bis tief in die Kaiserzeit hinein in Ägypten
technischer Ausdruck für den Träger eines bürgerlichen Ge-
meindeamtes gewesen ist, — ein Sprachgebrauch, von dem die
LXX nicht unbeeinflusst blieben, sodann, dass ein ähnlicher
kleinasiatischer Gebrauch konstatiert werden kann. Instruktiv
für die Verwendung des Wortes im *sakralen* Sinne bei den
katholischen Christen, die man sich durch die Linie π ρ ε σ β ύ -
τ ε ρ ο ς — *presbyter* — *Priester* deutlich machen kann, ist nun
die Thatsache, dass πρεσβύτεροι als Amtsbezeichnung auch für
heidnische *Priester* in Ägypten nachzuweisen ist. Zur Begründung mögen zunächst einige Sätze von F. Krebs[1] hier
folgen. »Die Organisation der Priesterschaft in den einzelnen
Tempeln war in römischer Zeit noch dieselbe, wie sie in ptolemäischer Zeit nach dem Zeugniss des Decrets von Kanopus
gewesen war. Wie damals, ist die Priesterschaft zunächst
ihrer Abstammung nach in 5 φυλαί getheilt« (S. 34).... »In
ptolemäischer Zeit leitete die Geschäfte der gesammten ägyptischen Priesterschaft ein jährlich wechselndes Collegium von 25
Buleuten (πρεσβύτεροι[2] oder βουλευταί). In unserem kleinen

[1] Ägyptische Priester unter römischer Herrschaft, Zeitschr. für ägypt.
Sprache und Altertbumskunde XXXI (1893) 31 ff. — S. 34 wird verwiesen
auf Wilcken, Kaiserl. Tempelverwaltung in Ägypten, Hermes XXIII 592
und Arsinoitische Tempelrechnungen Hermes XX 430.
[2] Eine Stelle aus der Ptolemäerzeit für πρεσβύτεροι in diesem Sinne
wird von Krebs hier nicht citiert. CIG 4717**s** f. (Theben in Unterägypten,
zwischen 45 u. 37 v. Chr.) heisst es: [ἔδο]ξε τοῖς ἀπὸ Διοσπόλεως τῆ[ς με-

Provincialtempel[1] finden wir .. an seiner Stelle ein — gleichfalls jährlich wechselndes — Collegium von „fünf Ältesten der fünf Phylen des Gottes Soknopaios für das gegenwärtige 23. Jahr" (des Antoninus Pius = 159/160 n. Chr.). Dies Collegium erstattet an die vorgesetzte römische Behörde den von ihm geforderten Bericht in einem Disciplinarverfahren gegen einen Priester des Tempels« (S. 35). Auf folgenden Papyri aus dem Faijûm sind mir diese ägyptischen πρεσβύτεροι begegnet: BU 16ₒₐ. (159,160 n. Chr., die von KREBS citierte Stelle) τῶν ε΄ πρεσβυτέρων ἱερέων πενταφυλίας θεοῦ Σοκνο[π]αίου; 347 Iₛₜ. (171 n. Chr.) Σαταβοῦτος π[ρεσ]βυτέρο[υ ἱερέω]ς²; 387 Iₜₜ. (zwischen 177 und 181 n. Chr., sehr verstümmelt) ist jedenfalls auch von den 5 πρεσβύτεροι ἱερεῖς des Soknopaios die Rede; 433ₛₜ. (ca. 190 n. Chr.) τῶν γ΄ [πρεσβ]υτέρων ἱε[ρ]έων [π]ρώτης φυλῆς, ebenda Zeileₛₜ. τῶν ε΄ πρεσβυτέρω[ν ἱερέων πεντα-φυλ]ίας Σοκνοπ[αίου θε]οῦ; 392ₛₜ. (207/208 n. Chr.) καὶ διὰ τῶν ἱερέων πρεσβυτέρων (folgen die z. T. verstümmelten Namen) τῶν δ΄. Wie es namentlich mit den kollegialen[3] Verhältnissen dieser πρεσβύτεροι ἱερεῖς aussah, ist mir nicht deutlich geworden; aber so viel ist sicher, dass πρεσβύτεροι hier im heidnischen Sprachgebrauche der Kaiserzeit, der nach KREBS bis in die Ptolemäerzeit zurückgeht, im sakral-technischen Sinne vorkommt.[4]

Die Papyrusstellen sind um so wichtiger, als sonstige Fälle dieses Gebrauches aus dem Heidentum seither meines Wissens nicht bekannt geworden sind. Ich meine gesicherte Fälle. Zwar werden die Bibelstudien 154 f. erwähnten πρεσβύτεροι der kleinasiatischen Städte und Inseln, wie ich mich inzwischen habe belehren lassen, von manchen Forschern für eine Körper-

γάλης [ἱ]ερεῦσι το[ῦ μεγίστου θεοῦ Ἀμο]νρασωνθὴρ καὶ τοῖς πρεσβυτέροις καὶ τοῖς ἄλλοις πᾶσι. Da gehören die πρεσβύτεροι offenbar zur Priesterschaft.
[1] Gemeint ist der Soknopaiostempel des Faijûm in der Kaiserzeit.
[2] Vergl. die verbesserte Lesung Nachtrag S. 397.
[3] Immer scheinen sie ein Kollegium (von 3, 4 oder 5 Personen) gebildet zu haben.
[4] Nach KREBS S. 35 käme in der Ptolemäerzeit sogar πρεσβύτεροι ohne Hinzufügung von ἱερεῖς so vor [wie oben CIG 4717ₐₜ.].

schaft gehalten, deren Kompetenz in den sakralen Dingen lag,
aber von anderen wird diese Annahme auch bekämpft[1]; wäre
sie bewiesen, dann hätten wir hier gewiss eine doppelt wert-
volle Analogie zu den urchristlichen πρεσβύτεροι. Aber immerhin wäre das Wort an den kleinasiatischen Stellen mehr in
der ursprünglichen Bedeutung gebraucht und nicht in dem
spezielleren Sinne, der schliesslich auf den Begriff *Priester*
hinauskommt. In diesem Sinne — oder besser mit der Tendenz
zu diesem Sinne steht es in den Papyri. Ich sage nicht, dass
es hier *Priester* b e d e u t e t; das ist schon durch das folgende
ἱερεύς ausgeschlossen. Worauf es sprachgeschichtlich ankommt,
ist der Umstand, dass das Wort zur Auszeichnung gerade von
Priestern gebraucht worden ist. Die in ihren Folgen so überaus bedeutsame Verwandlung der altchristlichen *Ältesten* in
die katholischen *Priester*[2] war natürlich erleichtert, wenn es
Älteste Priester oder *Priesterälteste* bereits in der Welt gab,
deren Begriffe und Institutionen darauf warteten, ihren Einzug
in die sich verweltlichende Kirche zu halten.[3]

προφήτης.

»Die höheren Klassen der Priesterschaft [in Ägypten] sind,
nach dem Decrete von Kanopus (l. 3 ff.) und Rosette (l. 6 f.), in
aufsteigender Linie die ἱερογραμματεῖς, die πτερυφόροι, die
ἱεροστολισταί (πρὸς τὸν στολισμὸν τῶν θεῶν), die προφῆται

---

[1] Fränkel S 321 zu Perg. 477 (Zeit des Claudius oder Nero): »Diese
und die nächste Inschrift [478, Kaiserzeit] bezeugen für Pergamon die
Existenz einer Gerusia, für welche namentlich im römischen Kleinasien
häufige Institution auf die sorgfältige Erörterung von Menadier (*Ephesii*
p. 48 ff) und auf deren Fortführung durch Hicks (*Greek inscriptions in
the Brit. Mus.* III 2 p. 74 ff.) verwiesen werden kann. Danach ist die
Gerusia für eine amtliche Körperschaft zu halten, deren Competenz in
den heiligen Angelegenheiten lag; anders Mommsen, Röm. Gesch. 5, 326«.

[2] A. Harnack, Lehrbuch der Dogmengeschichte I², Freib. i. B. 1888,
385: »Man wird vielleicht sagen dürfen, dass die innere Gestalt der
Kirchen durch keine andere Entwickelung so durchgreifend verändert
worden ist, als durch diejenige, welche aus den Bischöfen und Ältesten
Priester gemacht hat«.

[3] Vergl. unten S. 63 den ähnlichen Thatbestand bei προφήτης.

und die ἀρχιερεῖς«.[1] In römischer Zeit begegnet uns ein προ-
φήτης Σούχου θ[εοῦ μεγάλ]ου μεγάλου BU 149 3 f. (Faijûm, 2./3.
Jahrh. n. Chr.). »Dieser „Prophet“ bezieht für sein Amt 344
Drachmen und ½ Obole jährlich — ein Gehalt, dessen Niedrig-
keit uns vielleicht zu dem Schlusse berechtigt, dass auch dieses
Amt von ihm nur als Nebendienst versehen wurde«.[1] BU 488 3 f.
(Faijûm, 2. Jahrh. n. Chr.) findet sich, wenn die Ergänzung
richtig ist, ein προφήτης eines Gottes Συκατοῖμις. Über die
Funktionen dieser ägyptischen προφῆται ist mir nichts be-
kannt. Aber der Umstand, dass in Ägypten [2] die *Propheten*
Priester gewesen sind, ist für uns wichtig genug. Er gibt einen
Beitrag zum Verständnis der im zweiten Jahrhundert bei den
Christen sich findenden Auffassung, dass »die Propheten und
Lehrer als die berufenen Prediger des Worts die Priester
seien«[3]; wir lernen ein so eigentümliches Wort wie Didache
13 ε δώσεις τὴν ἀπαρχὴν τοῖς προφήταις· αὐτοὶ γάρ εἰσιν οἱ
ἀρχιερεῖς ὑμῶν besser begreifen, zumal wenn es in dem Lande
geschrieben ist, wo die προφῆται Priester waren.

Nachtrag. Ein interessantes inschriftliches Zeugnis für
die priesterlichen προφῆται steht auf einer Statue der Sammlung des Generalkonsuls LOYTVED zu Beiruth, die A. ERMAN [4]
bekannt gemacht hat. Sie stammt aus Tyrus und stellt einen
Verehrer des Osiris dar, der das Bild seines Gottes vor sich
hält. Die Arbeit ist rein ägyptisch; den Rückenpfeiler bedeckt
eine Inschrift in kleinen Hieroglyphen, die dem Herausgeber
nicht völlig klar ist, von der er aber u. a. übersetzt »*der Prophet.... des Osiris*«, was sich auf den Dargestellten bezieht.

---

[1] F. KREBS, Ägyptische Priester unter römischer Herrschaft, Zeitschr.
für ägypt. Sprache und Alterthumskunde XXXI (1893) 36.

[2] Priesterliche *Propheten* hat es auch anderwärts gegeben. Zwar IMAe
833 ε π. (Rhodos, 1. Jahrh. v. Chr.) προφατεύσας ἐν τῷ ἄστει καὶ ἐπιλαχὼν
ἱερεὺς Ἁλίου ist es mir zweifelhaft, ob sich προφατεύσας gerade auf die
priesterliche Thätigkeit bezieht. Aber man vergleiche nur die Stellen
bei KAIBEL, IGrSI Index S. 740 *sub* προφήτης.

[3] A. HARNACK, Lehrbuch der Dogmengeschichte I² 183.

[4] Eine ägyptische Statue aus Tyrus, Zeitschr. für ägypt. Sprache und
Alterthumskunde XXXI (1893) 102.

Nun ist auf der rechten Seite des Rückenpfeilers folgende Inschrift roh eingekratzt:

SACERDOS· OSIRIM

FERENS· ΠΡΟΦΗ|||||

ΟΣΕΙΡΙΝΚΩΜ|||||||

ΖΣ|||||

Das ist zu lesen: *Sacerdos Osirim ferens.* Προφή[της]
'Οσειριν κωμ[ά]ζω[ν].[1]

Erman bemerkt dazu: »Dass diese Aufschrift „Priester der
den Osiris trägt" nicht von dem Weihenden selbst herrührt,
liegt auf der Hand und wird auch durch die Art, wie sie an-
gebracht ist, bestätigt. Man wird vielmehr in römischer Zeit
die Weihgeschenke des tyrischen Tempels einmal neu ver-
zeichnet haben und wird dabei der Ordnung halber auf die
einzelnen Stücke geschrieben haben, unter welcher Benennung
sie inventarisirt sind. Dabei hat man die Statue, deren fremde
Inschrift man nicht zu lesen vermochte, nicht ganz genau, zu
einem „Priester" im Allgemeinen gemacht, der sein Götterbild
besorgt.« Ich verstehe nicht recht, worin der Mangel an Ge-
nauigkeit liegen soll, da der griechische Teil der Inschrift ja
von einem προφήτης redet. Einerlei — für uns ist von Interesse, dass auf dieser Inschrift aus römischer Zeit *sacerdos* übersetzt ist durch προφήτης und höchst wahrscheinlich selbst Übersetzung des ägyptischen Wortes für *Prophet* ist. Ich kann mir
in dieser letzten Frage kein Urteil erlauben, aber mir scheint
doch recht wohl möglich zu sein, dass der Schreiber der
bilinguen Inschrift den hieroglyphischen Text verstanden hat:
weshalb sollte er sonst *sacerdos* durch προφήτης wiedergegeben
haben? Dass er das ägyptische Wort für *Prophet* nicht *propheta*
übersetzte, wird darin seinen Grund haben, entweder dass
dieses Wort überhaupt noch nicht in der lateinischen Sprache
eingebürgert war, oder dass es nicht geeignet erschien, den
specifischen Sinn des ägyptischen Wortes auszudrücken. Ganz
anders das griechische προφήτης, das in Ägypten seit der

---

[1] κωμάζων *in der Prozession tragend.* Entfernt erinnert diese Inschrift an die Leidener Papyrusstelle Bibelstudien 270.

Ptolemäerzeit für eine bestimmte Klasse von Priestern nachweisbar ist. Ist meine Annahme richtig, dann wäre unsere Inschrift trotz ihrer phönikischen Provenienz zu den ägyptischen Zeugnissen für die Priesterprophcten zu rechnen. Im anderen Falle wäre sie ein Beleg dafür, dass auch ausserhalb Ägyptens resp. des ägyptischen Ideenkreises προφήτης als Bezeichnung eines Priesters vorkommt.

συμβούλιον.

Das — wie es scheint — seltene Wort wird in den neutestamentlichen Wörterbüchern ausserhalb des N. T. nur bei Plutarch nachgewiesen. Zu der leider verstümmelten Stelle Perg. 254 s (römische Zeit), wo es vorkommt, citiert FRÄNKEL S. 186 folgende Notiz von MOMMSEN [1], die wohl den ältesten Beleg für das Wort beibringt:

»Das Wort συμβούλιον ist, wie es scheint, nicht eigentlich griechisch, sondern in diesem griechisch - lateinischen Curialstil gebildet, um das unübersetzbare *consilium* zu vertreten. So steht es schon in der Urkunde vom J. 610 d. St. [C. I. Gr. 1543 == DITTENBERGER, *Sylloge* 242]. Vergl. Plutarch Rom. 14: ὠνόμαζον δὲ τὸν θεὸν Κῶνσον, εἴτε βουλαῖον ὄντα· κωνσίλιον γὰρ ἔτι νῦν τὸ συμβούλιον καλοῦσι.«

Sonst fand ich das Wort noch BU 288 14 (Zeit des Antoninus Pius) κ[α]θημένων ἐν συμβουλίῳ ἐν τῷ πραι[τωρίῳ] und 511 15 (ca. 200 n. Chr.[2]) [ἐ]ν συμβουλείῳ . . . . . . ἐκάθισεν.

σφραγίζω.

Rom. 15 28 bezeichnet Paulus die bei den Heidenchristen gesammelte Kollekte für Jerusalem als καρπός: *wenn ich ihnen diese Frucht versiegelt habe, werde ich nach Spanien reisen.* καρπὸν σφραγίζεσθαι ist jedenfalls ein sehr eigentümlicher Ausdruck. B. WEISS [3] sieht darin angedeutet, »dass Paulus ihnen durch persönliches Zeugniss bekräftigt, wie die Liebe

---

[1] Hermes XX 287 Anm. 7.
[2] Um diese Zeit ist der Papyrus geschrieben; der Text selbst dürfte älter sein.
[3] MEYER IV² (1891) 595.

zur Urgemeinde . . . diese Liebesgabe an sie gewirkt hat.« Andere dagegen erklären nach Theodoros von Mopsuhestia, der Apostel spiele lediglich auf die ordnungsmässige Einhändigung der Gelder an die Gemeinde von Jerusalem an, so zuletzt LIPSIUS: *richtig in ihren Besitz übermitteln.*[1] Die letztere Ansicht scheint mir durch die Papyri bestätigt. zu werden. BU 249 ₁₁ (Faijûm, 2. Jahrh. n. Chr.) schreibt ein Chairemon an einen Apollonios σφράγεισον ͥͤ τὸ σειτάριον ͥͤ καὶ τὴν κρειϑήν ͥͤ, *versiegele den Weizen und die Gerste.* Da haben wir einen ganz analogen Ausdruck[2], den mir Herr Professor Dr. WILCKEN brieflich so erklärte: »*versiegele (die Säcke mit) dem Weizen und der Gerste.* Dasselbe ist gemeint in 15 II ₁₁ [Faijûm, 197 (?) n. Chr., ὑμᾶς δὲ σφραγῖδαν ͥͤ ἐπιβά[λ]λιν ͥͤ ἑκάστῳ ὄνῳ]: *Ihr sollt Euer Siegel auf jeden Esel thun,* d. h. auf die Säcke eines jeden Esels«. Ich vermute, dass durch das Versiegeln der Fruchtsäcke die Richtigkeit des Inhaltes garantiert werden soll. Ist die *Frucht versiegelt,* so ist alles in Ordnung; das Versiegeln ist das Letzte, was vor der Ablieferung noch geschehen muss. Von hier aus gewinnt die bildliche Wendung des Apostels deutlichere Züge. Wie ein gewissenhafter Kaufmann will er verfahren. Wir wissen ja aus dem zweiten Korintherbriefe, dass er in seinem Liebeswerke niedrigen Verdächtigungen nicht entgangen ist; Grund genug für ihn, alles mit um so grösserer Pünktlichkeit zu erledigen.

υἱοϑεσία.

Das Wort gehört zu den wenigen, bei denen in den neutestamentlichen Wörterbüchern der »profane« Gebrauch der Inschriften berücksichtigt wird. CREMER[8] 972 z. B. bemerkt: »In der Literatur selten, dagegen häufiger in Inschriften«. Seine Belege sind zu erweitern durch massenhafte Stellen aus vorchristlichen Inschriften der Inseln des Ägäischen Meeres. Einzel-

---

[1] HC II 2 (1891) 184.

[2] Auch BU 248 ₄₆ (Brief desselben Mannes an den gleichen Adressaten wie 249) τὰ ἀμύγδαλα σφραγ(ιζόμενα) dürfte hierher gehören.

nachweise sind überflüssig.[1] Das Wort steht immer in der
Formel *καϑ' υἱοϑεσίαν δέ*: *A.*, *Sohn des B.*, *καϑ' υἱοϑεσίαν δέ Sohn des C.* Entsprechend steht von der Adoption
weiblicher Personen die Formel *κατὰ ϑυγατροποῖαν*[2] *δέ*, welche
7 mal vorkommt. Die Häufigkeit des Vorkommens dieser Formeln
gestattet einen Schluss auf die Häufigkeit von Adoptionen und
lässt uns begreifen, dass Paulus sich eines gemeinverständlichen
Bildes bediente, als er den Begriff der *υἱοϑεσία* in dem religiösen Sprachgebrauche verwertete.

χειρόγραφον.

Die technische Bedeutung *Schuldurkunde*, von *Clavis*[8] und
THAYER zu Col. 2ɪ₄ nur aus Plutarch und Artemidor belegt,
ist in den Papyri sehr häufig. Sind doch viele *χειρόγραφα* im
Original erhalten; einige derselben sind durchgestrichen und
damit annulliert (z. B. BU 179, 272, PER CCXXIX). Für das
Wort seien hier folgende Stellen aus Faijûmer Urkunden
citiert: PER Iₐₐ (83/84 n. Chr.), XIIIₐ (110/111 n. Chr.), BU
50ₛ.ɪₐ.ɪₐ (115 n. Chr.), 69ɪₐ (120 n. Chr.), 272₄.ɪₐ (138/139
n. Chr.), 300ₐ.ɪₐ (148 n. Chr.), 301ɪ₇ (157 n. Chr.), 179₂₇ (Zeit
des Antoninus Pius), PER IXₐ.ₐ (Hermopolis, 271 n. Chr.).

χωρίζομαι.

Wie 1 Cor. 7ɪₒ.ɪɪ.ɪₐ technischer Ausdruck für die Ehe-
scheidung auch in den Faijûmer Papyri.[8] In die Heirats-
kontrakte sind gewöhnlich Bestimmungen für den Fall der
Scheidung aufgenommen; dieselben werden eingeleitet durch
die Formel *ἐὰν δὲ [οἱ γαμοῦντες] χωρίζωνται ἀπ' ἀλλήλων*, so
BU 251ₐ (81 n. Chr., sichere Ergänzung), 252₇ (98 n. Chr.),
PER XXIV ₐ₇ (136 n. Chr.), XXVIIɪₐ (190 n. Chr.).

---

[1] Vergl. den Index der Personennamen der IMAe. Diese Inschriften
schreiben *υοϑεσίαν*. Den Gegensatz drückt die Formel *κατὰ γίνεσιν* 19ɪₒ,
884ɪ₄ [?], 964 *add.* aus.

[2] So schreiben die IMAe meistens, neben *ϑυγατροποῖαν* 646ɪ.

[8] Auch anderweitig zu belegen.

χάραγμα.

Das *andere Tier* der Apokalypse des Johannes 13 ₁₁ ﬀ. veranlasst ₁₆ *alle, die Kleinen und die Grossen und die Reichen und die Armen und die Freien und die Sklaven*, ἵνα δῶσιν αὐτοῖς χάραγμα ἐπὶ τῆς χειρὸς αὐτῶν τῆς δεξιᾶς ἢ ἐπὶ τὸ μέτωπον αὐτῶν, ₁₁ ἵνα μή τις δύνηται ἀγοράσαι ἢ πωλῆσαι εἰ μὴ ὁ ἔχων τὸ χάραγμα τὸ ὄνομα τοῦ θηρίου ἢ τὸν ἀριθμὸν τοῦ ὀνόματος αὐτοῦ. Der neuste Erklärer W. Bousset [1] meint, das vergebliche Umherraten der Exegeten inbetreﬀ des χάραγμα beweise, »dass hier wieder ein Zug einer verschollenen älteren Tradition entlehnt ist, der in das vorliegende Bild und seine Deutung nicht mehr hineinpasst«. Von einem *Beweise* kann hier jedoch nicht die Rede sein, selbst wenn festgestellt wäre, dass die Exegeten »vergeblich« gesucht hätten. Mit demselben Rechte darf vermutet werden, dass eine Anspielung auf eine uns bis jetzt nicht bekannt gewordene intime Einzelheit aus den Verhältnissen der Kaiserzeit vorliegt, und es fragt sich nur, welche Erklärung hier plausibeler ist, der Hinweis auf eine alte apokalyptische Tradition oder die Annahme einer Anspielung auf einen bestimmten zeitgeschichtlichen Zug. »Eine vorsichtige Forschung wird die Resultate zeitgeschichtlicher Deutung da annehmen, wo sie sich ungezwungen bietet — ..... sie wird wirkliche Nachweise und Resultate der traditionsgeschichtlichen Methode anerkennen, sie wird ᵐⁱᵗ aber, da wo beide nicht zureichen, offene Fragen zugeben, — auch die Möglichkeit uns unbekannter, zeitgeschichtlicher Anspielungen. Sie wird endlich in manchen Fällen beide Methoden neben einander anwenden.« Von diesen Sätzen Bousset's [2] aus, denen ich durchaus beipflichte, soll der folgende Erklärungsversuch verstanden werden.

Mit Recht lehnt Bousset im Kommentar den blossen Hinweis auf die Stigmatisierung von Sklaven und Soldaten ab. Eher könne man, meint er, das χάραγμα als religiöses Schutzzeichen auffassen. Andere Ausleger dächten an die römische

---

[1] Mᵧᵥᵣₑₐ XVI⁴ (1896) 427.
[2] Der Antichrist, Göttingen 1895, 7.

Münze mit Bild und Inschrift des Kaisers. Aber auch diese
Erklärungen seien abzuweisen. Das Rätsel werde allein gelöst
durch die traditionsgeschichtliche Methode, welche die Stelle
in das Licht des altheiligen apokalyptischen Gedankenmaterials
rückt. »In der zweiten Hälfte von Cap. 13 ist nämlich .....
die alte Gestalt des Antichrist verarbeitet«.[1] Die Sage vom
Antichrist weiss aber, »dass der Antichrist die Bewohner der
Erde zwingt, sein Zeichen anzunehmen, und dass nur die,
welche das Zeichen auf Stirn und Hand angenommen haben,
Brot in den Zeiten der Not kaufen dürfen. Hier haben wir
die Erklärung der rätselhaften Verse 16 und 17.«[2]
   Jedenfalls ist BOUSSET sich klar darüber, dass die Weiter-
schiebung keine *Erklärung* ist.[3] Immerhin, sollte der Nachweis
gelingen, dass das χάραγμα irgendwie zum Bestande der altapo-
kalyptischen Tradition aus Urväterzeit gehörte, so hätten wir
ein wertvolles Erkenntnismittel gewonnen. Mit nicht geringer
Spannung schlug ich deshalb die Nachweise auf, die BOUSSET
anderwärts[4] beibringt. Aber dort sind nur verhältnismässig
recht späte Stellen citiert, bei denen es sehr wohl möglich
und mir auch wahrscheinlich ist, dass sie vielmehr von Apoc.
Joh. 13 beeinflusst sind. Und selbst wenn das *Zeichen* von
Johannes übernommen wäre, dann wäre das eigentlich Charak-
teristische der Stelle nicht erklärt: nicht der Zug, dass das
Zeichen den *Namen* oder die *Zahl* des Tieres enthält[5], —
nicht dass es allgemein mit *Kaufen und Verkaufen* etwas zu
thun hat[6], — nicht die Hauptsache, dass es gerade zu dem

---

[1] MEYER XVI[9] 431.
[2] Ebenda 432.
[3] Vergl. Der Antichrist 8: »Dabei bin ich mir allerdings bewusst,
dass ich ein Verständnis der eschatologisch-mythologischen Vorstellungen
in letzter Instanz nicht erreiche.«
[4] Der Antichrist 132 ff.
[5] Nach BOUSSET ist das Zeichen ursprünglich wahrscheinlich ein
Schlangenzeichen, der Apokalyptiker soll die Beziehung auf den Namen
des Tieres »hinzugefügt« haben (Der Antichrist 133). Hinzugefügt ist
aber nichts; deshalb richtiger MEYER XVI[9] 432, das Zeichen sei »umgedeutet«.
[6] An den von BOUSSET citierten Stellen steht das *Kaufen* (und *Verkaufen*) im engsten Zusammenhang mit der Hungersnot.

mit dem *Tier* gemeinten römischen *Kaiser* in Beziehung steht.
Zur Verdeutlichung dieser drei Punkte reicht die traditionsgeschichtliche Methode also kaum aus, und die Möglichkeit der
Annahme einer .seither unbekannten zeitgeschichtlichen Anspielung meldet sich energisch.

Die Papyri versetzen uns nun in die Lage, dieser Möglichkeit gerecht zu werden. Sie vermitteln uns die Kenntnis eines
in der Kaiserzeit häufig gebrauchten *Zeichens* [1], welches

1) zum römischen Kaiser in Beziehung steht,

2) seinen Namen (eventuell auch sein Bild) und seine Re-
gierungszahl enthält,

3) bei Urkunden über Kauf und Verkauf und dergl. notwendig ist und

4) die technische Bezeichnung χάραγμα führt.

1. Auf Papyri des 1. und 2. Jahrhunderts n. Chr. finden
sich öfter »bald deutlichere, bald aber sehr schwache Reste
eines rothen Stempels, der auf den ersten Anblick einer rothen
Maculirung gleicht; in der regelmässigen, zumeist concentrischen
Anordnung der rothen Flecke jedoch verrathen sich die Schrift-
reste in ihrem wahren Charakter«. [2] Ausser diesen Stempel-
a b d r ü c k e n auf Papyrus, die sogleich näher besprochen
werden, ist nun auch eine kreisförmige Originalstempelplatte
aus weichem Kalkstein erhalten mit einem Durchmesser von
5,5 cm und einer Dicke von 2,8 cm. Auf der Schriftfläche
sind Reste der roten Druckfarbe. Die Platte ist im Berliner
Museum und von Fr. Krebs zu BU 183 mit Faksimile publiciert.
Durch gütige Erlaubnis der General-Verwaltung der Königlichen Museen bin ich in der Lage, das Faksimile hierneben
wiedergeben zu können.

---

[1] Ob dieses kaiserliche χάραγμα auch sonst belegt ist, weiss ich nicht.
Aber ich vermute, dass es nicht der Fall ist. Sonst könnte ich nicht begreifen, dass Mommsen, der Apoc. Joh. 13 ı s f. eine Anspielung auf das
Kaiser g e l d findet (Römische Geschichte V⁴, Berlin 1894, 522), nicht auf
meine Vermutung gekommen sein sollte. Auch Wessely behandelt in
seiner Publikation der PER die Sache als eine neue.

[2] Wessely zu PER XI, S. 11.

Die Legende, natürlich in Spiegelschrift, ist mit Uncial-buchstaben in Spirallinie angeordnet und lautet:

L λε' Καίσαρος,

d. h. im 35. Jahre [1] des Caesar (= 5/6 n. Chr.).

In der Mitte, von der Spirallinie dieser Worte umgeben, stehen noch die Buchstaben γρ, die ich nicht verstehe. Krebs löst sie γρ(αφείον) auf; dann hätte dieses Siegel also auch den Namen der Behörde ·enthalten.

Kaiserstempel des Augustus. Berliner Museum.

Mit solchen Platten werden die Kaiserstempel [2] gemacht sein, die sich auf einigen Papyrusurkunden mehr oder weniger deutlich erhalten haben. Folgende Fälle sind mir bekannt geworden.

a) PER I (Faijûm, 83/84 n. Chr.), ein Kaufvertrag, hat auf der Rückseite die Reste zweier roter Stempel, von denen noch die Worte [Αὐτ]οκρ[άτορος] und Δομ[ιτιανοῦ] zu erkennen sind, und andere Schriftspuren.

b) BU 183 (Faijûm, 26. April 85 n. Chr.), eine Urkunde betr. die Regelung von Vermögens- und Erbverhältnissen zweier Ehegatten, zeigt auf der Rückseite drei fast ganz verlöschte

---

[1] L ist die häufige Abkürzung für ἔτους.
[2] Andere als Kaiserstempel habe ich in den Papyri nicht gefunden.

Zeilen von der Hand, die den Text der Urkunde geschrieben hat, und zwei Abdrücke eines Stempels mit roter Tinte, Durchmesser 7,8 cm, Höhe der Buchstaben 0,7 cm. Die Schrift (Unciale) in Spirallinie lautet:

L δ' *Αὐτοκράτορος Καίσαρος Δομιτιανοῦ Σεβαστοῦ Γερμανικοῦ.*

c) PER XI (Faijûm, 108 n. Chr.), ein Vertrag über die Teilung zweier Haushälften, ist ein besonders schön erhaltenes Exemplar, das Wessely mit Faksimile[1] publiciert hat. »Die Rückseite enthält den rothen Stempel, kreisförmig mit dem Durchmesser von 9,7 cm; am äussersten Rande läuft zuerst eine Kreislinie; dann innerhalb ein Kreis, gebildet von den Buchstaben (à 1 cm Höhe):

L ιβ' *Αὐτοκράτορος Καίσαρος Νέρονα Τραιανοῦ.*

Darin eingeschlossen ein kleiner Kreis, der unterhalb L beginnt, aus den Buchstaben:

Σεβαστοῦ Γερμανικοῦ Δακικοῦ,

endlich in der Mitte das Brustbild des nach rechts blickenden Kaisers.

Unter dem Stempel ist mit schwarzer Tinte geschrieben:

μαρ^ω σεσ^η (*Μάρων σεσημείωμαι*)«.

d) PER CLXX (Faijûm, Zeit des Trajan), ein Kaufvertrag, trägt auf der Rückseite den zu einem Drittel erhaltenen roten Stempel, von dem noch zu lesen ist im äusseren Kreise:

[Αὐτ]οκράτορος Καίσαρος Ν[έρονα Τραιανοῦ],

im inneren:

[Σεβασ]τοῦ Γερμανικοῦ.

2. Allen diesen Kaiserstempeln einschliesslich des Augustusstempels ist gemeinsam, dass sie den Namen des Kaisers enthalten; mit Sicherheit wird man vermuten dürfen, dass nach

---

[1] Am 15. März d. J. wandte ich mich an die Direktion der K. K. Hof- und Staatsdruckerei zu Wien mit der Bitte, mir das Cliché dieses Faksimiles für meine Publikation leihweise zu überlassen. Zu ihrem lebhaften Bedauern konnte die Direktion diesem Wunsche nicht entsprechen, »da die Redaktion des Werkes „Corpus Papyrorum Raineri" aus prinzipiellen Gründen nicht in der Lage ist, die Zustimmung hierfür zu ertheilen« (Antwortschreiben vom 22. März).

Analogie der vollständig erhaltenen auch bei den verstümmelten
ursprünglich die Zahl des Regierungsjahres daneben gestanden
hat. Ein Stempel zeigt auch das Bild des Kaisers; inwieweit
dies auch bei den anderen der Fall ist oder vermutet werden
kann, geht aus den Publikationen nicht hervor. Der Augustus-
stempel jedenfalls trägt das Bild nicht.

3. Über die Bedeutung des Stempels kann ein Zweifel
kaum bestehen. WESSELY[1] meint zwar, man könne »ihn auf
die Beglaubigung des Schreibmaterials als aus der kaiserlichen
Fabrik stammend beziehen, oder auf die Beglaubigung der
Originalurkunde«. Aber die erste Möglichkeit kommt meines
Erachtens nicht inbetracht. Für eine Ursprungsmarke des
Papyrus ist der Stempel z. B. PER XI viel zu gross; man
wird doch nicht eine so grosse Fläche des wertvollen Materials
durch Abstempelung ohne weiteres dem Gebrauche entzogen
haben. Dazu kommt ein anderer Grund. Soweit die Jahreszahl der erhaltenen Stempel noch erkennbar ist, entspricht sie
der Jahreszahl der betreffenden Urkunde. Das wäre ein eigentümlicher Zufall, wenn wir es mit einem Fabrikstempel zu thun
hätten. Der Stempel dient vielmehr zur Beglaubigung einer
Originalurkunde. Er wird von der zuständigen Behörde einem
Vertrage beigedrückt, und die Urkunde ist rechtskräftig. Bestätigt wird diese Annahme durch die sogleich zu erwähnende
Copie einer solchen Urkunde: da ist der Stempel nicht vorhanden, aber am Rande wird seine Legende getreu kopiert.
Der Stempel gehört eben zur Urkunde, nicht zum Papyrus.

Sieht man sich nun die gestempelten Urkunden auf ihren
Inhalt an, so finden wir unter 5 Fällen (einschliesslich der S. 74
erwähnten Copie) 3 Kauf- resp. Verkauf-Verträge. Die beiden
anderen Urkunden sind inhaltlich den Kaufverträgen nahe ver-
wandt. WESSELY[2] hat dies bereits zu der Partitionsurkunde
hervorgehoben; aber auch in BU 183 handelt es sich um eine
ähnliche Sache.[3]

---

[1] Zu PER XI S. 87.
[2] Zu PER XI S. 84.
[3] Ich vermute, dass bei einer genaueren Prüfung der Fragmente von
Kaufverträgen und ähnlichen Urkunden des 1. und 2. Jahrhunderts, so-

4. Einem freundlichen Zufalle verdanken wir auch die Kenntnis der offiziellen Bezeichnung dieses Kaiserstempels. PER IV ist die Copie eines Faijûmer Kaufvertrags aus dem 12. Jahre des Kaisers Claudius (52/53 n. Chr.). Sie besteht aus drei Teilen, dem eigentlichen Körper des Vertrags, der prokuratorischen Unterschrift und der Beglaubigung durch das γραφεῖον, eine Behörde, die WESSELY als das »graphische Registeramt« bezeichnet. Jeder dieser drei Teile ist eingeleitet durch die Notiz, dass es sich um eine Copie handelt, also ἀντίγραφον οἰκονομίας[1] Zeile 1, ἀντίγραφον ὑπογραφῆς Zeile 10, endlich am linken Rande vertikal laufend ἀντίγραφον χαράγματος. WESSELY übersetzt *Abschrift der Signirung*; offenbar aber ist die »Signirung«, richtiger die notwendige Abstempelung, auf dem Original eben durch den kaiserlichen Stempel vollzogen worden. Dafür spricht der kopierte Wortlaut:

L [ι]β Τιβερίου Κλαυδίου Καίσαρος Σεβαστοῦ Γερμανικοῦ
Αὐτοκράτορος.

Das ist genau die Legende, deren Schema uns durch die erhaltenen Originalstempel bekannt geworden ist. Der Ausdruck χάραγμα passt hierfür vorzüglich. In der folgenden Zeile werden wir den unter den Stempel gesetzten handschriftlichen Vermerk des γραφεῖον zu erkennen haben, wie uns ein solcher auch PER XI und wohl auch BU 183 begegnet. Er fügt den Monatstag[2] hinzu μηνὸς Καισαρεί(ου) ιδ und den Titel der beglaubigenden Behörde ἀναγ(έγραπται) διὰ τοῦ ἐν Ἡρακλείᾳ γραφείου.

Alles in allem: χάραγμα bezeichnet den auf Kaufverträgen und ähnlichen Urkunden des 1. und 2. Jahrhunderts sich finden-

———————

weit sie im Original vorhanden sind, Reste eines Stempels noch auf weiteren Exemplaren entdeckt werden können.

[1] οἰκονομία für *Urkunde* kommt in den Papyri öfters vor.

[2] Die Annahme, dass das Monatsdatum noch zum Stempel gehört habe, ist an sich unwahrscheinlich, da dann die Stempelplatten täglich hätten verändert werden müssen; auch sprechen die erhaltenen Stempel, die nur das Jahr haben, dagegen.

den kaiserlichen Stempel mit der Jahreszahl und dem Namen des regierenden Kaisers (eventuell auch seinem Bilde). Es ist wohl nicht zu viel behauptet, wenn ich sage, dass mit diesem Ergebnis etwas anzufangen ist. Ist die Deutung des *Tieres* auf einen römischen Kaiser richtig, was ich nicht im geringsten bezweifele, dann kann man das χάραγμα des Tieres recht wohl von dem kaiserlichen χάραγμα aus begreifen.[1] Natürlich nicht bis ins kleinste Detail deckt sich das apokalyptische χάραγμα mit dem zeitgeschichtlichen Vorbild; der Seher hat frei geschaltet: er lässt das Zeichen auf Stirn oder Hand drücken[1], und er gibt der *Zahl* einen anderen Sinn. Hier ist der Punkt, wo alte (apokalyptische?) Tradition möglicher Weise ihren Einfluss geltend gemacht hat. Aber sie hat nur modifiziert; die charakteristischen, um nicht zu sagen charagmatischen Züge des Vorbildes sind unschwer wiederzuerkennen.

5. Formelhaftes Sprachgut.

ἐκ τῶν τεσσάρων ἀνέμων.

Man könnte die Formel (LXX Sach. 11₆, Marc. 13₂₇, Matth. 24₃₁) für eine blosse Nachbildung der entsprechenden hebräischen halten. Aber sie steht auch PER CXV₆ (Faijûm, 2. Jahrh. n. Chr.) [γείτο]νες ἐκ τεσσάρων ἀνέμων; trotz der Verstümmelung der Urkunde ist es unzweifelhaft, dass *die vier Himmelsrichtungen* gemeint sind.

ἀξίως τοῦ θεοῦ.

1 Thess. 2₁₂ steht περιπατεῖν ἀξίως τοῦ θεοῦ, Col. 1₁₀ περιπατῆσαι ἀξίως τοῦ κυρίου εἰς πᾶσαν ἀρεσκείαν, 3 Joh. ₆

---

[1] Selbst wenn die Kaiserstempel alle so gross wären, wie der Trajanstempel PER XI, der mit seinem Durchmesser von 9,7 cm nur auf Denkerstirnen und Proletarierhänden Platz fände, würde unsere Hypothese nichts an Wahrscheinlichkeit verlieren; mit dem Centimetermasse darf man den Seher nicht kontrollieren wollen. Aber ein Normaldurchmesser war für den Stempel offenbar nicht vorgeschrieben, vergl. das Exemplar BU 183 und gar den Originalstempel des Augustus; ein Stempel von seiner Grösse konnte recht wohl auf Stirn oder Hand Platz finden.

προπέμψας ἀξίως τοῦ θεοῦ (vergl. ev. Sap. Sal. 3 ι καὶ εὗρεν αὐτοὺς ἀξίους ἑαυτοῦ [= θεοῦ] und Matth. 10 sτ ι.). Die Formel ist in Pergamon (und gewiss auch an anderen Orten) sehr beliebt gewesen. Perg. 248 τ α. (142/141 v. Chr.) wird von dem Dionysos- und Sabaziospriester Athenaios gerühmt στ[ν]-τετελεκότος τὰ ἱερὰ .... εὐσεβῶς [μ]ὲν καὶ ἀξίως τοῦ θεοῦ¹, Perg. 521 (nach 136 n. Chr.) von einer Athenapriesterin ἱερασα-μένην ἀξίως τῆς θεοῦ καὶ τῆς πατρίδος, und Perg. 485 з α. (Anfang des 1. Jahrh. n. Chr.) wird ein ἀρχιβούκολος geehrt διὰ τὸ εὐσεβῶς καὶ ἀξίως τοῦ Καθηγεμόνος Διονύσου προΐστασθαι τῶν θείων μυστηρίων. Synonym wird Perg. 522 τ α. (3. Jahrh. n. Chr.) zweier Athenapriesterinnen gedacht ἱερασαμένων ...... ἐνδόξως καὶ ἐπιφανῶς κατὰ τὸ ἀξίωμα καὶ τὸ μέγεθος τῆς θεοῦ. Die Inschrift von Sestos (Wiener Studien I 33 ff., ca. 120 v. Chr.) bietet Zeile 81 λαμπρὰν ποιησάμενος τὴν ὑποδοχὴν καὶ ἀξίαν τῶν θεῶν καὶ τοῦ δήμου.

ἐμμένω (ἐν) πᾶσι τοῖς γεγραμμένοις.

LXX Deut. 27 26 ἐπικατάρατος πᾶς ἄνθρωπος ὃς οὐκ ἐμμέ-νει ἐν πᾶσι τοῖς λόγοις τοῦ νόμου τούτου wird von Paulus Gal. 3 10 »frei« folgendermassen citiert: ἐπικατάρατος πᾶς ὃς οὐκ ἐμμένει ἐν πᾶσιν τοῖς γεγραμμένοις ἐν τῷ βίβλῳ τοῦ νόμου. Gewiss eine unwesentliche Änderung, wie sie bei einem ge-dächtnismässigen Citate jeder einmal unbewusst vornimmt. Sie brauchte uns weiter keine Mühe zu machen, wenn nicht die Papyri zeigten, wie Paulus vielleicht gerade zu dieser leisen Änderung gekommen ist. In der Teilungsurkunde PER XI 23 f. (Faijûm, 108 n. Chr.) lesen wir ἐνμενέτωσαν [οἱ] ὁμολογοῦντες ...... ἐν τοῖς ἐκουσίως ὡμολογη[μένοις] καὶ διειρημένοις. Wir haben hier eine im amtlichen Stil solcher Urkunden gebräuch-liche Rechtsformel vor uns, die ähnlich schon im Turiner Papyrus 8 (2. Jahrh. v. Chr.) vorkommt: ἐμμένειν δὲ ἀμφο-τέρους ἐν τοῖς πρὸς ἑαυτοὺς διωμολογημένοις.² Die Formel

---

¹ Vergl. schon, falls die Ergänzung richtig ist, Perg. 223 (ca. 156 v. Chr.) von der Athenapriesterin Bito: ἀναστ[ρεφομένη]ν καλ[ῶς] καὶ εὐσεβῶς καὶ ἀ[ξίως τῆς θεᾶς].

² Ich citiere, da ich die Turiner Papyri nicht zur Hand habe, nach *Corp. Papp. Raineri* 11 S. 12.

variiert in den Verben, bewahrt aber ihre bei einer juristischen Wendung begreifliche Konstanz dadurch, dass auf ἐμμένειν mit oder ohne ἐν der Dativ eines Participiums, meist im Plural, folgt. So lautet sie PER CCXXIV₅ ι. (Faijûm, 5 6 n. Chr.) ἐνμένειν ἐν πᾶσι τοῖς γεγε[νημένοις κατὰ τή]ν γραφὴν τῆς ὁμο- λ(ογίας [1]) ἥν συνγέγραμμαί σοι. Man beachte hier das Hinzu- kommen eines neuen Gliedes, πᾶσι. Und nun lesen wir endlich BU 600₆ (Faijûm, 2./3. Jahrh. n. Chr.) ἐνμένω πᾶσι ταῖς προ- γεγραμμέν[α]ις ⁿᵉ [ἐν]τολαῖς, eine Fassung, an welche das Bibel- citat des Paulus in seiner charakteristischen Variation un- zweifelhaft erinnert. Da darf die Vermutung ausgesprochen werden, dass der Apostel das biblische ἐμμένει ἐν πᾶσι τοῖς — in unwillkürlichem Anschluss an den Tonfall der Rechtsformel participial weitergeführt hat. Ich weiss nicht, ob die Wendung auch sonst und ausserhalb Ägyptens zu belegen ist; ihr zweifel- los formelhafter Charakter spricht jedenfalls dafür, dass sie, wenn auch in mannigfacher Variation, zu dem bekannteren Sprachgute gehört hat. Und bei Paulus ist der Gebrauch einer juristischen Wendung ohnehin besonders begreiflich.[2]

καθὼς γέγραπται etc.

Die in meinen Bibelstudien 109 f. gegebenen Belege für den juristischen Charakter der Citationsformel καθὼς (καθάπερ) γέγραπται können noch sehr vermehrt werden.[3] IMAe 761 ₄₁ (Rhodos, 3. Jahrh. v. Chr.) steht καθὰ καὶ ἐν τοῖς νόμοις γέ- γραπται. Mit Beziehung auf einen unmittelbar vorhergehenden

---

[1] ὁμολογία == Kontrakt.

[2] Vergl. Bibelstudien 103 f.

[3] Dass die Formel auch ohne diese technische Bedeutung vorkommt, habe ich Bibelstudien 110 Anm. 8 bemerkt. Hierher gehört auch das ἀναγέγραπται des Josephus (Belege bei Hans Drüner, Untersuchungen über Josephus, Dissertat. Marburg 1896, 54 Anm. 1 und 85), Arrian (vergl. Wilcken, Philologus LIII [1894] 117 f.) und wohl noch anderer Autoren. Einer freundlichen Mitteilung des Herrn Dr. Hans Drüner ver- danke ich die Notiz, dass Josephus ἀναγέγραπται öfter auch bei Hin- weisen auf das A. T. verwendet, während er γέγραπται so jedenfalls nur selten gebraucht; auf ein nichtbiblisches Citat bezieht sich γέγραπται c. Ap. II 18.

Passus heisst es in dem Dekrete Perg. 251 ₈₆ (2. Jahrh. v. Chr.) *καθάπερ γέγραπται*, ähnlich in den Urkunden BU 252 ₃ (Faijûm, 98 n. Chr.) *καθά γέγραπται* und PER CLIV ₁₁ (Faijûm, 180 n. Chr.) *καθώς γ[έγρ]απται*. Hierher gehören auch *καθότι προγέγραπται* BU 189 (Faijûm , 7 n. Chr.) und PER IV ₁₇₆. (Faijûm, 52/53 n. Chr.); *καθώς ὑπογέγραπται* von einem nachher citierten Orakel in der Inschrift von Sidyma No. 53 Dh₁₁₆.[1] (nachhadrianisch); *καθά διαγέγραπται* in einer Inschrift aus Kos[2] (Zeit?).

Auch andere Citationsformeln der neutestamentlichen Autoren sind aus dem juristischen Sprachgebrauche zu belegen: *κατά τά προγεγραμμένα* PER IV ₈₄ (Faijûm, 52/53 n. Chr.), vergl. *κατά τό γεγραμμένον* 2 Cor. 4 ₁₃; *[κατά τή]ν γραφήν* mit Beziehung auf einen Kontrakt PER CCXXIV₆ (Faijûm, 5/6 n. Chr.) und *κατά γραφάς* mit Beziehung auf die Gesetze BU 136 ₁₀ (135 n. Chr.), vergl. *κατά τάς γραφάς* 1 Cor. 15 ₃₆. und *κατά τήν γραφήν* Jac. 2 ₈.

τό γνήσιον.

2 Cor. 8 ₈ *τό τῆς ὑμετέρας ἀγάπης γνήσιον*, vergl. Inschrift von Sestos (Wiener Studien I 33 ff., ca. 120 v. Chr.) ₇ *πρό πλείσιον θέμενος τό πρός τήν πατρίδα γνήσιον καί ἐκτενές.*

δέησιν, δεήσεις ποιοῦμαι.

δέησιν ποιοῦμαι (Phil. 1 ₄ vom *Bittgebet*) steht allgemein für *bitten* BU 180 ₁₇ (Faijûm, 172 n. Chr.) *δικαίαν δέ[ησ]ιν ποιούμενος*, dagegen *δεήσεις ποιοῦμαι* wie Luc. 5 ₃₃, 1 Tim. 2 ₁ vom *Bittgebet* auch Pap. Par. 69 II ₁₁ (Elephantine, 232 n. Chr.) *ἔνθα σπονδά[ς τε καί δε]ήσεις ποιησάμενος.*[3]

δεξιάν δίδωμι.

Perg. 268 C (98 v. Chr.) erbieten sich die Pergamener, den Streit der Städte Sardes und Ephesos zu schlichten; sie senden

---

[1] Benndorf und Niemann,[1] Reisen in Lykien und Karien I, Wien 1884, S. 77, zur Datierung vergl. S. 75.

[2] Hermes XVI (1881) 172 Anm., citiert von Frankel S. 16.

[3] Ich citiere nach der Bearbeitung dieses Papyrus (aus *Notices et extraits* XVIII 2 S. 390—399) durch Wilcken, Philologus LIII (1894) 82.

einen Vermittler (Z. 10 f.) [τὸν παραχα]λέσοντα δοῦναι τ[ὰ]ς χεῖρας ἡμῖν εἰς σύλλυσιν].[1] Dazu bemerkt FRÄNKEL S. 201: »„uns die Hände zu reichen zu einer (von uns herbeizuführenden Ausgleichung“. Ein zweites Beispiel dieser dem deutschen Gebrauch entsprechenden Verwendung· des Ausdrucks δοῦναι τὰς χεῖρας habe ich nicht gefunden.« Wir haben hier einen Fall, wo die Erklärung der Inschriften von den heiligen Texten etwas profitieren kann; der Ausdruck *die Hand* oder *die Hände reichen*[2] ist der griechischen Bibel sehr geläufig, wenn auch in der Form δεξιὰν (oder δεξιὰς) διδόναι: 1 Macc. 6 68, 11 60. 62, 13 50, 2 Macc. 11 36, 12 11, 13 22, Gal. 2 9 (δεξιὰς ἔδωχαν ... χοινωνίας), vergl. δεξιὰν (oder δεξιὰς) λαμβάνειν 1 Macc. 11 66, 13 50, 2 Macc. 12 12, 14 19.[3] Die Exegeten haben denn auch bereits klassische Analogien beigebracht, am eingehendsten wohl schon JOANNES DOUGTÆUS, *Analecta sacra*, ed. sec., *Amstelaedami 1694, P. II* p. 123. *Clavis*[3] 88 citiert nur Xen. *an.* 1, 6, 6; 2, 5, 3; Joseph. *antt.* 18, 19 [muss heissen 9], 3.

εἰς τὸ διηνεχές.

Ausser in der Hebräerepistel bei Appian *B. civ.* 1, 4 konstatiert; steht IMAe 786 16 (Rhodos, Kaiserzeit): τετειμημένος[sic] ἐς τὸ διενεχές [sic], auch bei Apollodor von Damascus 42.

ἔϑος, χατὰ τὸ ἔϑος.

Im engeren Sinne für *Gesetz*, *Ritus* wie oft bei Luc. und Act. Ap. steht das Wort in den Faijûmer Papyri fast durchweg. Man beachte namentlich die Formel χατὰ τὸ ἔϑος (Luc. 1 9, 2 42): BU 250 17 (Zeit des Hadrian) χαϑαρὸς χατὰ τὸ ἔϑος, 131 6 (2./3. Jahrh. n. Chr.) und 96 15 (2. Hälfte des 3. Jahrh. n. Chr.) χατὰ τὰ Ῥωμαίων ἔϑη[4], 347 I 17 II 15 (171 n. Chr.) und 82 12 (185 n. Chr.) περιτμηϑῆναι χατὰ τὸ ἔϑος (vergl. Act. Ap. 15 1 περιτμηϑῆτε τῷ ἔϑει Μωϋσέως).

---

[1] Die Ergänzungen sind gesichert.

[2] Nicht zu verwechseln damit ist ἐχδιδόναι τὴν χεῖρα BU 405 16 (Faijûm, 348 n. Chr.), wo χεῖρ *Handschrift*, *Urkunde* bedeutet.

[3] Vergl. auch GRIMM zu 2 Macc. 4 44 HApAT IV (1857) 93.

[4] Diese Formel öfter auch in den PER.

ἑτοίμως ἔχω.

Zu 2 Cor. 12₁₄, 1 Pe. 4₅, Act. Ap. 21₁₃ mehrfach belegt; steht auch in den Faijûmer Urkunden aus der Zeit des Marc Aurel BU 240₂₇ und 446₁₇. Nur an der letzteren Stelle ist die Konstruktion zu erkennen, es folgt der Infinitiv wie an den neutestamentlichen Stellen.

τοῦ θεοῦ θέλοντος etc.

Ähnliche heidnische Formeln sind zu den neutestamentlichen Stellen längst nachgewiesen. Wie verbreitet ihr Gebrauch auch in den unteren Volksschichten gewesen sein muss, zeigen die Faijûmer Papyri. Zu *τοῦ θεοῦ θέλοντος* Act. Ap. 18₂₁ gehört *τῶν θε[ῶ]ν θελόντων* BU 423₁₈ (2. Jahrh. n. Chr., Brief eines Soldaten an seinen Vater), im Hinblick auf die Vergangenheit gebraucht 615₄ f. (2. Jahrh. n. Chr., Privatbrief) *ἐπιγνοῦσα ὅτι θεῶν θελόντων διεσώθης,* ähnlich Zeile ᵊᵊ f.; weiter *θεῶν δὲ βουλομένων* 248₁₁ f. (2. Jahrh. n. Chr., Privatbrief), 249₁₈ (2. Jahrh. n. Chr., Privatbrief); — zu *ἐὰν ὁ κύριος ἐπιτρέψῃ* 1 Cor. 16₇, *ἐάνπερ ἐπιτρέπῃ ὁ θεός* Hebr. 6₃ vergleiche man *θεῶν ἐπιτρεπόν[τ]ων* 451₁₀ f. (1./2. Jahrh. n. Chr., Privatbrief), auch *τῆς τύχης ἐπιτρεπούσης* 248₁₆ f. (2. Jahrh. n. Chr., Privatbrief); — analog zu *καθὼς [ὁ θεὸς] ἠθέλησεν* 1 Cor. 12₁₈, 15₃₈ steht *ὡς ὁ θεὸς ἤθελεν* BU 27₁₁ (2./3. Jahrh. n. Chr., Privatbrief). Der Umstand, dass wir die aufgeführten Fälle des Gebrauches dieser Formeln gerade in Privatbriefen der Kaiserzeit konstatieren können, ist besonders lehrreich.

ἐκ τοῦ μέσου αἴρω.

Thayer 402 citiert zu Col. 2₁₄ Plut. *De curios.* 9, *Is.* 57, 2. BU 388 II₂₂ (Faijûm, 2./3. Jahrh. n. Chr.) steht die Fügung gleich *e medio tollo* im eigentlichen Sinne.

. *ἀπὸ τοῦ νῦν.*

Die 2 Cor. 5₁₆ sowie häufig von Lucas (Ev. und Act. Ap. 18₆) gebrauchte Formel ist den Faijûmer Rechtsurkunden sehr geläufig. Wir finden sie in den Zusammenstellungen *ἀπὸ τοῦ νῦν ἐπὶ τὸν ἅπαντα χρόνον* PER IV₉.₁₇ (52/53 n. Chr.), XI₆ (108 n. Chr.), BU 350₁₉ (Zeit des Trajan), 193 II₁₁ (136 n. Chr.), *ἀπὸ τοῦ νῦν εἰς τὸν ἀεὶ χρόνον* 282₆ (nach 175 n. Chr.), [*ἀπ*]*ὸ τοῦ νῦν ἐπὶ τὸν ἀεὶ καὶ ἅπαντα* [*χρόνον*] 456₉ (348 n. Chr.), aber auch alleinstehend *ἀπὸ τοῦ νῦν* 153₁₄ (152 n. Chr.) und 13₉ (289 n. Chr.).

Entsprechend steht *μέχρ*[*ι*] *τ*[*οῦ*] *νῦν* (vergl. *ἄχρι τοῦ νῦν* Rom. 8₂₂, Phil. 1₅) BU 256₉ (Faijûm, Zeit des Antoninus Pius).

κατ' ὄναρ.

Die Belege zu Matth. 1₂₀, 2₁₂ ₁. ₁₉. ₂₂, 27₁₉ dürfen durch Perg. 357₆ (römische Zeit) [*κ*]*ατ' ὄναρ* und IMAe 979 ₄₁. (Karpathos, 3. Jahrh. n. Chr.) *κατὰ ὄναρ* nicht erweitert werden; hier bedeutet die Formel nicht *im Traum*, sondern *infolge eines Traumes*, wie Perg. 327 (spätrömisch [1]) *κατ' ὄνειρον*.

παραίτιος ἀγαθῶν.

2 Macc. 11₁₉ heisst es in dem Briefe des Lysias an die Juden *καὶ εἰς τὸ λοιπὸν πειράσομαι παραίτιος ὑμῖν ἀγαθῶν γενέσθαι*. Ähnlich steht Ep. Arist. p. 67₂₁ (Schm.) *ὡς ἄν μεγάλων ἀγαθῶν παραίτιοι γεγονότες*. Inschriftlich ist die Formel oft zu belegen. Zu Perg. 246₆₄₁. (Ehrendekret der Stadt Elaia für Attalos III., ca. 150 v. Chr.) [*ἀ*]*εί τινος* [*ἀ*]*γα*[*ϑ*]*οῦ παραίτ*[*ι*]*ον γίνεσϑαι αὐτόν* bemerkt Fränkel S. 159: »Der Ausdruck ist als Formel in die griechische Amtssprache der Römer aufgenommen: so Brief eines Quaestors an die Letäer 118 v. Chr. bei Dittenberger, *Sylloge* 247, 44 f.; zwei Briefe Caesars und Octavians an die Mytilenäer Sitzungsber. d. Berl. Akad. 1889 S. 960. 965. Sonst z. B. Dittenberger 252, 2. 280, 23.« Auch IMAe 1032₁₁ (Karpathos, 2. Jahrh. v. Chr.) *παραίτιος γεγόνει τᾶς σωτηρ*[*ί*]*ας* ist zu vergleichen.

παρέχομαι ἐμαυτόν.

*Clavis*⁹ 340 belegt diese mediale Phrase (Tit. 2₇) nur durch Xen. *Cyr.* 8, 1, 39; Thayer 488 fügt hinzu Joseph. *c. Ap.*

---

[1] Vergl. Fränkel S. 55.

2, 15, 4. Sie steht auch IMAe 1032₆ (Karpathos, 2. Jahrh.
v. Chr.) *ἀνέγκλητον αὐτὸν παρέσχηται* und LEBAS, *Asie* 409₆
(Mylasa, 1. Jahrh. v. Chr.) *χρήσιμον ἑαυτὸν παρέσχηται.*[1]

παρίστημι θυσίαν.

B. WEISS[2] lehnt Rom. 12₁ für *παριστάναι* die sakrifizielle
Bedeutung *hinstellen* (*des Opfers an den Altar*) ab, da das Wort
»wohl im Griechischen so vorkommt« — folgen die Belege —,
»aber keineswegs im A. T... irgend wie stehender Terminus
techn. ist«; es sei zu fassen *zur Verfügung stellen*. Gegen
diese Meinung habe ich zwei Bedenken. Einmal sehe ich
nicht, wodurch sich die beiden Fassungen von einander unter-
scheiden: auch wenn die letztere gewählt wird, erhält sie, eben
in der Verbindung *παριστάναι θυσίαν*, die Bedeutung der
ersteren. Sodann ist mir unverständlich, wie man eine Wendung des Apostels Paulus in einen Gegensatz zum Griechischen
stellen kann.

Die von WEISS angegebenen Belege für den griechischen
Sprachgebrauch erweitern sich durch Perg. 246₁₇.₄₈ (Ehrendekret der Stadt Elaia für Attalos III., ca. 150 v. Chr.) *πα-
ρασταθείσης θυσίας*, 256₁₄.₅₁ (Kaiserzeit) *παρασταθῆναι* [θ]ι-
σίαν αὐτῷ resp. [ἀφ' ο]ὖ [ἄ]ν .. *παριστῇ τὴν θυσι*[α]ν.

μετὰ πάσης προθυμίας.

Zu Act. Ap. 17₁₁ *οἵτινες ἐδέξαντο τὸν λόγον μετὰ πάσης
προθυμίας* vergl. Perg. 13₅₀ᶠ. (Eid der Söldner des Königs
Eumenes I., bald nach 263 v. Chr.) [παρ]*έξομαι δὲ καὶ τὴν*
[ἄ]*λλην χρείαν εὐνόως καὶ ἀπροφα*[σ]*ί*[σ]*τως* [με]*τὰ πάσης προ-
θυμ*[ί]*ας εἰς δύναμιν εἶναι τὴν ἐμήν.* Die Redensart wird gewiss auch sonst noch zu belegen sein.

ἐκ συμφώνου.

Wie 1 Cor. 7₅ steht die Formel in den Faijůmer Urkunden
BU 446 [= 80]₁₀ (Zeit des Marc Aurel) *κ*[α]*θὼς ἐκ συνφώνου*

---

[1] Ich citiere diese Stelle nach FRÄNKEL S. 186, der auch auf das
aktivische *παρασχόντα χρήσιμον ἑαυτὸν τῇ πατρίδι* CIG 2771 I₁₉ (Aphro-
disias) verweist und Perg. 253₁₄ ähnlich ergänzen möchte.

[2] MEYER IV² (1891) 512.

ὑπηγόρευσαν, PER CXCI₉ (2. Jahrh. n. Chr.) [x]αθὼς ἐξυμφώνου ⁿⁱᵉ ὑπηγόρευσαν und CXCVII₈ (2. Jahrh. n. Chr.) καθὼς ⁿⁱᵉ
ἐξυμφώνου ⁿⁱᵉ π[.........] ὑπηγ[όρευσαν].

<u>οὐχ ὁ τυχών.</u>

Für *aussergewöhnlich* wie 3 Macc. 3₇, Act. Ap. 19₁₁, 28₈
steht die Verbindung auch BU 36 [cf. 436]₉ (Faijûm, 2./3. Jahrh.
n. Chr.) ὕβριν οὐ τὴν τυχοῦσαν συνετελέσαντο.

<u>οἱ ἐν ὑπεροχῇ ὄντες.</u>

Seither nur 1 Tim. 2₈ nachgewiesen, vergl. 2 Macc. 3₁₁
ἀνδρὸς ἐν ὑπεροχῇ κειμένου. Schon Perg. 252₂₀ (frührömische
Zeit, nach 133 v. Chr.) steht τῶν ἐν ὑπεροχῇ ὄντων, wahrscheinlich allgemein von den *Angesehenen.*

<u>φίλανδρος καὶ φιλότεκνος.</u>

Zu Tit. 2₄ τὰς νέας φιλάνδρους εἶναι, φιλοτέκνους bemerkt
v. Soden [1]: »beide Ausdrücke nur hier«, und auch in der letzten
Auflage des Meyer (XI⁶ [1894] 382) sind sie als »ἅπ. λεγ.«
bezeichnet, trotzdem beide bereits in der *Clavis* anderweitig
belegt sind. Wichtiger, als die Korrektur dieses Irrtums, ist
aber die Erkenntnis, dass die beiden Wörter gerade in dieser
Zusammenstellung gebräuchlich gewesen sein müssen. Schon
*Clavis*⁸ 455 citiert für diese Verbindung Plut. *mor.* p. 769 C.
Hierzu kommt eine Grabschrift aus Pergamon, die ich wegen
ihrer schlichten Schönheit ganz hierhersetzen möchte, Perg.
604 (etwa Zeit des Hadrian):

Ἰούλιος Βάσσος
Ὁτακιλίᾳ Πώλλῃ
τῇ γλυκυτάτῃ
[γ]υναικί, φιλάνδρ[ῳ]
καὶ φιλοτέκνῳ,
συνβιωσάσῃ
ἀμέμπτως
ἔτη λ'.

[1] HC III 1 (1891) 209.

Ahnlich rühmt eine Inschrift der Kaiserzeit aus Paros CIG 2384[1] eine Frau als φίλανδρον καὶ φιλόπαιδα. Dass gerade eine solche Verbindung leicht volkstümlich werden konnte, bedarf nicht des Nachweises.

τὸ αὐτὸ φρονεῖν.

Diese Formel und ähnlich gebildete andere, die dem Apostel Paulus geläufig sind, hat man auch aus Herodot und anderen Autoren belegt.[2] Dass sie auch in dem volkstümlichen Sprachgebrauche lebendig waren, lässt die Grabschrift IMAe 149 (Rhodos, 2. Jahrh. v. Chr.) vermuten, wo es von zwei Ehegatten heisst ταυτὰ λέγοντες ταυτὰ φρονοῦντες ἤλθομεν τὰν ἀμέτρητον ὁδὸν εἰς Ἀΐδαν.

6. Seltenere Wörter, Bedeutungen und Konstruktionen.

ἄδολος.

Zu 1 Pe. 2₂ ὡς ἀρτιγέννητα βρέφη τὸ λογικὸν ἄδολον γάλα ἐπιποθήσατε bemerkt E. KÜHL[1], das zweite Attribut ἄδολος passe nicht mehr zu dem bildlichen γάλα, sondern nur zu dem darunter gemeinten Worte Gottes. BU 290₁₃ (Faijûm, 150 n. Chr.) macht es jedoch wahrscheinlich, dass man von der Milch recht wohl dieses Adjektivum gebrauchen konnte; es steht hier neben καθαρός vom *unverfälschten* Weizen. Das Attribut braucht also nicht bloss mit Bezug auf die Deutung des Bildes, auch nicht bloss mit Rücksicht auf *πάντα δόλον* Vers ₁ gewählt zu sein.

ἀμετανόητος.

Clavis[3] 21 nur aus Lucian *Abdic.* 11 nachgewiesen; THAYER 32 fügt hinzu Philo *De praem. et poen.* § 3 (M. p. 410). PER CCXVI₈ (Faijûm, 1./2. Jahrh. n. Chr.) steht das Wort passivisch von einem Verkauf (κυρίαν καὶ βεβαίαν καὶ ἀμετανόητον).

---

[1] Ich citiere nach FRÄNKEL S. 134.
[2] Vergl. A. H. FRANKE zu Phil. 2₂ (MEYER IX⁸ [1886] 84).
[3] MEYER XII⁸ (1897) 136.

ἀπόκριμα.

Zu dem offenbar sehr seltenen Worte 2 Cor. 1 **s**, *Clavis*[8] 43 nur bei Joseph. *Antt.* 14, 10, 6 nachgewiesen, trägt Thayer 63 Polyb. *excpt. Vat.* 12, 26[b], 1 nach; an beiden Stellen ist ein officieller *Bescheid* gemeint. So steht das Wort auch in der wegen ihrer zeitlichen Nähe für die Paulusstelle besonders beachtenswerten Inschrift IMAc 2**4** (Rhodos, 51 n. Chr.), wo sich τὰ εὐκταιότατα ἀποκρίματα jedenfalls auf günstige *Entscheidungen* des Kaisers Claudius bezieht.

ἀρκετός.

Ausserhalb des N. T. seither nur aus Chrysipp (bei Athen. 3,79 p. 113 b) nachgewiesen; steht auch in den Faijûmer Papyri BU 531 II **s4** (2. Jahrh. n. Chr.) und 33**6** (2./3. Jahrh. n. Chr.).

ἀσπάζομαι.

In der Bedeutung *seine Aufwartung machen* (Act. Ap. 25 **ı3**, Joseph. *Antt.* 1, 19, 5; 6, 11, 1) auch in den Faijûmer Papyri BU 347 I **3**, II **2** (171 n. Chr.) und 248 **ı9** (2. Jahrh. n. Chr.).

βαστάζω.

Zu der Spezialbedeutung[1] *furtim sepono* Joh. 6 **ı3** geben die Faijûmer Papyri eine Anzahl neuer Belege: BU 361 III **ıo** (Ende des 2. Jahrh. n. Chr.), 46 **ı0** (193 n. Chr.), 157 **8** (2./3. Jahrh. n. Chr.). Die beiden letzten Urkunden sind Strafanträge wegen Diebstahls.

βιάζομαι.

Ohne in die Debatte über Matth. 11 **ı2** und Luc. 16 **ı6** eintreten zu wollen, möchte ich folgendes nur konstatieren. Cremer[8] 215 meint, es lasse sich ›erweislich‹ machen, dass das Wort bei Matthäus als Passivum gefasst werden müsse: ›Als Depon. würde es durchaus keinen Sinn geben, da βιάζεσθαι ohne Object oder einen Ersatz des-

---

[1] Auch die allgemeinere Bedeutung *aufero* findet sich BU 388 II **s4** (Faijûm, 2./3. Jahrh. n. Chr.).

selben wie πρόσω, εἴσω durchaus nicht gesagt werden kann u. nicht gesagt wird[1]...; es ist kein selbständiger Begriff, etwa = *Gewalt üben, gewaltsam auftreten.* Wenigstens würde unsere Stelle, so viel ersichtlich, der einzige Beleg für eine solche Bedeut. sein.« Dem gegenüber ist auf die inschriftlichen Bestimmungen des Lykiers Xanthos für das von ihm gegründete Heiligtum des Men Tyrannos CIA III 74[2] vergl. 73 (gefunden bei Sunion, nicht älter als die Kaiserzeit) zu verweisen, wo βιάζομαι zweifellos medial und absolut steht. Nachdem die kultischen Reinigungen genau angegeben sind, deren Vollzug die Bedingung des Eintritts in den Tempel ist, heisst es weiter, opfern dürfe niemand in dem Tempel ἄνε[υ] τοῦ καθειδρυσαμένου[nie] τὸ ἱερόν, soll wohl heissen *ohne Erlaubnis vonseiten des Stifters des Tempels*; ἐὰν δέ τις βιάσηται, fährt das Statut fort, ἀπρόσδεκτος[3] ἡ θυσία παρὰ τοῦ θεοῦ, *wenn aber jemand gewaltsam auftritt oder eindringt, dessen Opfer ist nicht angenehm dem Gotte.* Denen, die dagegen alle Vorschriften korrekt erfüllen, wünscht der Stifter nachher: καὶ εὐείλατος[nie 4] γένοι(τ)ο ὁ θεὸς τοῖς θεραπεύουσιν ἁπλῇ τῇ ψυχῇ. Dieser Gegensatz ist charakteristisch für die Bedeutung des βιάσηται.

διετία.

Nur aus Philo belegt; Thayer 148 fügt den *Graecus Venetus* von Gen. 41₁, 45₆ hinzu. Das Wort (Act. Ap. 24₂₇, 28₃₀) steht auch BU 180₇ (Faijûm, 172 n. Chr.) und Perg. 525₁₃ (nach 217 n. Chr.).

δοκίμιος.

Ein Wort der griechischen Bibel, dem die Papyri wieder zum Leben verhelfen, nachdem die Exegeten es nahezu erwürgt hatten. Zu den Stellen Jac. 1₃ τὸ δοκίμιον ὑμῶν τῆς πίστεως κατεργάζεται ὑπομονήν und 1 Pe. 1₇ ἵνα τὸ δοκίμιον ὑμῶν τῆς

---

[1] Von CREMER gesperrt.

[2] = DITTENBERGER, *Sylloge* No. 379. Vergl. oben S. 44 zu καθαρίζω.

[3] Vergl. das Contrarium εὐπρόσδεκτος, ebenfalls vom Opfer, Rom. 15₁₆ und 1 Pe. 2₅, wie θυσία δεκτή Phil. 4₁₈ und schon LXX.

[4] Neuer Beleg zu diesem Worte, vergl. Bibelstudien 119.

πίστεως πολυτιμότερον χρυσίου τοῦ ἀπολλυμένου διὰ πυρὸς δὲ δοκιμαζομένου εὑρεθῇ εἰς ἔπαινον καὶ δόξαν καὶ τιμὴν ἐν ἀπο- καλύψει Ἰησοῦ Χριστοῦ wird gewöhnlich behauptet, τὸ δοκίμιον sei gleich τὸ δοκιμεῖον das *Prüfungsmittel.* Sprachlich möglich ist diese Annahme; ich sehe allerdings keinen Grund, weshalb dann immer δοκίμιον und nicht δοκιμῖον accentuiert wird. Aber sachlich unterliegt sie schweren Bedenken. Auch ihre eingehende Verteidigung an der Petrusstelle durch E. Kühl [1] kann mir über das Gefühl nicht hinweghelfen, dass der aposto- lische Gedanke dann geschraubt und unklar, um nicht zu sagen unverständlich ist. So erklärt es sich denn auch, dass die meisten Ausleger nach einer anderen Bedeutung des Wortes suchen, die in den Zusammenhang einigermassen passt; so dekretiert z. B. *Clavis*[8] 106 zu Jac. 1₈ *exploratio* und zu 1 Pe. 1₇ *Bewährung,* zwei Bedeutungen, die das Wort sonst niemals hat und wohl auch nicht haben kann. Die ganze Schwierig- keit der Sachlage ist aber erst durch die Exegeten geschaffen worden, die das Wort fast sämtlich verkannten. Nur Schott und Hofmann haben das Richtige vermutet, indem sie, wie ich aus Kühl 88 sehe, in δοκίμιον das Neutrum eines Adjectivums ahnten.[2] Dazu bemerkt Kühl unter Verweis auf Winer[7] 220, diese Erklärung erledige sich damit, dass δοκίμιον nicht Ad- jectivum sei, sondern reines Substantivum, und im Winer steht: »ein Adjectiv δοκίμιος giebt es nicht.« Gewiss, δοκίμιος »giebt es nicht«, nämlich in den Lexicis; auch Schott und Hofmann werden es nicht haben belegen können. Die Faijûmer Ur- kunden der Sammlung des Erzherzogs Rainer helfen indessen diesem Mangel ab. In dem Versatzschein PER XII₈₁. (93 n. Chr.) werden goldene Spangen genannt *im Gewichte von 7½ Minen guten Goldes* (χρυσοῦ δοκιμίου); der Heiratskontrakt XXIV₆ (136 n. Chr.) zählt unter der Aussteuer der Braut Schmuck- gegenstände im Werte von *13 Vierteln guten Goldes* (χρυσοῦ δοκιμείου[ric]) auf, ein Fragment desselben Kontraktes, XXVI,

---

[1] Meyer XII[8] (1897) 87 ff.

[2] Auch Tholuck, Beiträge zur Spracherklärung des Neuen Testaments, Halle 1832, 45 spricht unter Verweis auf Wahl diese Vermutung aus; ein Beleg steht ihm nicht zugebote.

schreibt Zeile 6 [χρυσ]ίου [δοκ]ιμίου und 8 [χρ]υ[σ]οῦ [δ]οκι-
[μ]είου *ic*, ähnlich die Fragmente eines Heiratskontraktes XXIII₄
(Zeit des Antoninus Pius) [χρυσίου] δοκειμείου*ic*, XXII₆ (Zeit
des Antoninus Pius) [χρυ]σίου δο[κιμίου] und XXI₁₂ (230 n. Chr.)
[χρυσοῦ] δοκιμίου. Über die Bedeutung dieses δοκίμιος kann
ein Zweifel nicht obwalten. Zudem sind wir in der günstigen
Lage, dass ein Papyrus selbst Auskunft darüber erteilt. Der
Heiratskontrakt PER XXIV ist auch in einer Abschrift erhalten,
und diese, PER XXV, schreibt Zeile 4 χρυσίου δοκίμου statt
des χρυσοῦ δοκιμείου der Vorlage. Da wird δοκίμου kaum ein
Schreibfehler sein, sondern eine leichte, für den Sinn ebenso
unwesentliche Variante, wie χρυσίου statt χρυσοῦ: δοκίμιος hat
die Bedeutung von δόκιμος *erprobt, anerkannt,* das ja ebenfalls
gerade von Metallen gebraucht wird im Sinne von *giltig, voll-
giltig, echt* (z. B. LXX Gen. 23₁₆ ἀργυρίου δοκίμου, ebenso
1 Chron. 29₄, 2 Chron. 9₁₇ χρυσίῳ δοκίμῳ, näheres bei
CREMER⁸ 335 f.).

Nach alledem muss das Adjectivum δοκίμιος *erprobt, echt*
anerkannt werden, und ohne Bedenken wird man es an den
beiden neutestamentlichen Stellen annehmen dürfen.[1] τὸ δοκίμιον
ὑμῶν τῆς πίστεως ist die überaus häufige klassische Konstruktion des substantivierten Neutrums eines Adjectivums mit
folgendem Genetiv (oft eines Abstractums), die wir im Neuen
Testament namentlich bei Paulus finden.[2] Ein fast kongruentes
Beispiel ist 2 Cor. 8₈ τὸ τῆς ὑμετέρας ἀγάπης γνήσιον.[3] Ich
würde an beiden Stellen übersetzen *was echt ist an euerem
Glauben.* Luthers Übersetzung der Jakobusstelle *euer Glaube,*

---

[1] Höchstwahrscheinlich hat es noch der Grieche Oecumenius hier als
Adjectivum verstanden; er erklärt δοκίμιον τὸ κεκριμένον λέγει, τὸ δεδο-
κιμασμένον, τὸ καθαρόν (TISCHENDORF zu Jac. 1₃). Auch der Ersatz des
δοκίμιον durch δόκιμον in einigen Minuskeln an beiden neutestamentlichen Stellen (wie in unserer Papyrusurkunde PER XXV₄) spricht dafür,
dass griechische Abschreiber noch spät das Wort verstanden haben. —
Die Bildung des Wortes ist klar; δοκίμιος kommt von δόκιμος wie
ἐλευθέριος von ἐλεύθερος, καθάριος von καθαρός.

[2] Vergl. zuletzt BLASS, Gr. S. 151 f.

[3] Vergl. oben S. 78 *sub* τὸ γνήσιον.

so er rechtschaffen ist muss als durchaus zutreffend bezeichnet werden. Alle Unklarheit auch der Petrusstelle schwindet auf diese Weise: *damit, was echt ist an euerem Glauben, als wertvoller erfunden werde denn Gold — das trotz seiner Vergänglichkeit sich im Feuer als echt bewährt — zu Lob und Ruhm und Ehre in der Offenbarung Jesu Christi.* Näher in die exegetische Debatte einzutreten möchte ich hier unterlassen; die vorgetragene Erklärung muss sich selbst rechtfertigen.

Die Märtyrerakten unseres Wortes sind damit freilich noch nicht geschlossen. Auch bei den LXX haben die Ausleger nichts von ihm wissen wollen; es wurde unterdrückt, indem man an zwei Stellen das überlieferte δοκίμιον identificierte. Nach *Clavis*⁸ 106 z. B. steht δοκίμιον = δοκιμεῖον LXX Prov. 27₁₁ und Ps. 11 [hebr. 12]₇ vom *Schmelztiegel*, nach KÜHL 87 bedeutet es hier wie überall *Prüfungsmittel.* Nun ist Prov. 27₁₁ δοκιμιον ἀργυρίῳ καὶ χρυσῷ πύρωσις gewiss δοκιμεῖον (oder δοκίμιον?) als Substantivum zu fassen; freilich bedeutet es nicht *Schmelztiegel*, obwohl dies der Sinn der Vorlage ist, ebensowenig wie πύρωσις *Ofen* bedeutet trotz der Vorlage. In der Übersetzung ist der Sinn der Vorlage vielmehr geändert. Wie der Satz dasteht, kann er nur so verstanden werden: *Prüfungsmittel für Silber und Gold ist die Glut*, so allein versteht man auch die Pointe des Nachsatzes. — Ganz anders liegen die Dinge Ps. 11 [12]₇ τὰ λόγια κυρίου λόγια ἁγνὰ ἀργύριον πεπυρωμένον δοκιμιον τῇ γῇ κεκαθαρισμένον ἑπταπλασίως. Der Sinn der Vorlage von δοκιμιον τῇ γῇ ist vielumstritten. Dem δοκιμιον entspricht das etymologisch rätselhafte עֲלִיל (*Schmelztiegel? Werkstatt?*), und τῇ γῇ ist einem לְאָרֶץ nachgebildet, dessen grammatische Beziehung ebenfalls nicht sicher ist. Für unsere Frage kann die Lösung dieser Schwierigkeiten übrigens auf sich beruhen; in jedem Falle ist vom Übersetzer auch hier der Sinn geändert, denn weder *Schmelztiegel* noch *Werkstatt* kann das griechische Wort bedeuten. Man muss sich also mit dem griechischen Satze abfinden, so gut es geht. Fasst man nun mit KÜHL δοκιμιον substantivisch gleich *Prüfungsmittel*, was δοκιμεῖον (oder δοκίμιον?) an sich bedeuten kann, so lautet der Satz: *die Worte des Herrn sind* *lautere Worte, durch Feuer geläutertes Silber, ein siebenfach gereinigtes Prüfungsmittel für die Erde* (oder *für das Land?*) — das wäre noch die glimpflichste Übersetzung[1], aber was ist damit anzufangen? Einen erträglichen Sinn ergibt nur die adjektivische Fassung von *δοκίμιον*: *die Worte des Herrn sind lautere Worte, durch Feuer geläutertes echtes Silber für das Land, siebenfach gereinigtes.* Die Heiligen haben abgenommen, Falschheit und Trug machen sich breit, aufgekommen ist ein grosssprecherisches Geschlecht; da verheisst Jahve Hilfe den Elenden, und mitten in aller Untreue sind seine Worte der lautere, bewährte Hort des Landes. So etwa fügt sich der Satz in den Gedankengang des griechischen Psalms ein.

Auch die Überlieferung der LXX endlich gewährt noch Zeugnisse für die Existenz unseres Adjectivums. 1 Chron. 29₄ bietet B^{ab} statt *ἀργυρίου δοκίμου* die Lesart *ἀργυρίου δοκιμίου.* Dieselbe Vertauschung von *δόκιμος* und *δοκίμιος*, die uns aus den Papyri und den neutestamentlichen Handschriften bereits bekannt geworden ist, zeigt Sach. 11₁₃: für *δόκιμον* bieten א$^{c.\,a\,rid}$ Q* (Marchalianus, 6. Jahrh. n. Chr., Ägypten) *δοκίμιον*, Q* *δοκίμειον.*

ἐκτένεια, ἐκτενῶς.

Die ethische Bedeutung *Beharrlichkeit* (2 Macc. 14₃₈, 3 Macc. 6₄₁, Judith 4₉, Cic. *ad Attic.* 10, 17, 1, Act. Ap. 26₇) findet sich auch IMAe 1032₁₀ (Karpathos, 2. Jahrh. v. Chr.) *τὰν πᾶσαν ἐκτένειαν καὶ κακοπαθίαν παρεχόμενος.* Entsprechend steht *ἐκτενῶς* Zeile ₈ derselben Inschrift.

ἔσθησις.

Zu Act. Ap. 1₁₀, Luc. 24₄ A etc. nur spärlich nachgewiesen; vergl. BU 16 R₁₂ (Faijûm, 159/160 n. Chr.) *χρω[μ]ένου ἐρεαῖς ἐσθήσεσι.*[2]

---

[1] *τῇ γῇ* könnte auch als instrumentaler Dativ zum Verbum gezogen werden; aber dann wird der Satz noch orakelhafter. — Die Andeutung von Cremer[2] 340 am Ende des Artikels *δοκίμιον* habe ich nicht verstanden.

[2] Verbesserte Lesung Nachtrag S. 395.

κακοπάϑεια resp. *κακοπαϑία.*

Clavis[8] 222 gibt für das gewöhnlich *κακοπάϑεια* geschriebene Wort Jac. 5,10 nur die Bedeutung *vexatio, calamitas,
aerumna* an, und BEYSCHLAG[1] weist die Bedeutung *vexationum
patientia* ausdrücklich ab. Wenn CREMER[8] 749 die Stelle ebenso
unter *Leiden, Mühsal, Unglück* registriert, so kann das nur
ein Versehen sein; denn er bringt sie drei Zeilen später auch
unter der anderen Bedeutung *Ertragen des Leidens.* Für diese
spricht der Zusammenhang (wiewohl ich es nicht für unmöglich halten kann, dass Jakobus auch gesagt hätte *nehmt euch
ein Beispiel im Leiden und Dulden an den Propheten*). Nach
den Angaben der *Clavis* könnte es scheinen, als sei das Wort
in diesem Sinne nicht zu belegen. Aber zu den von CREMER
citierten Stellen 4 Macc. 9,8 und Plut. *Num.* 3,5 kommen inschriftliche Belege. IMAe 1032,10 (Karpathos, 2. Jahrh. v. Chr.)
τὰν πᾶσαν ἐκτένειαν καὶ κακοπαϑίαν παρεχόμενος ergibt sich
die Bedeutung aus der Zusammenstellung mit *ἐκτένεια,* ähnlich
Perg. 252,16f. (frührömische Zeit, also nach 133 v. Chr.) *τῶν
τε ἐκκομι[δῶν] ἐπιμελείᾳ καὶ κακοπαϑίᾳ διει[πὼν τὰ δέοντα
πᾶ]σαν ἐπιστροφὴν ἐποήσατ[ο]*[ηιε]. FRÄNKEL S. 184 übersetzt
hier zwar *Mühe,* aber der Zusammenhang ergibt, dass nicht
Mühe im passiven Sinn von *Mühsal* gemeint ist, sondern das
aktive *Bemühung.* Für diese »Abschwächung des Begriffes«
citiert FRÄNKEL noch die Ehreninschrift des Gymnasiarchen
Menas aus Sestos (DITTENBERGER, *Sylloge* 247) Zeile 4 und 13.
W. JERUSALEM[2] bemerkt zu diesen Stellen aus der Inschrift von
Sestos (ca. 120 v. Chr.), das Wort bedeute ursprünglich »natürlich« *Erleiden von Unglück,* in der Inschrift aber allgemeiner
Anstrengung, Ausdauer, welche Bedeutung auch in gleichzeitigen
Inschriften begegne und bei Polybios viel häufiger sei, als die
gewöhnliche.

Man wird vielleicht einwenden, es seien eben zwei verschiedene Wörter mit verschiedener Bedeutung. Aber selbst
zugegeben, dass *κακοπαϑία* eine andere Bildung ist als *κακοπά-*

---

[1] MEYER XV[3] (1888) 222.
[2] Wiener Studien I (1879) 47.

ϑεια[1], so ist doch immer noch die Frage, ob Jac. 5,10 das herkömmliche κακοπαϑείας nicht etwa doch itacistische Schreibung von κακοπαϑίας ist. Ich möchte mich mit WESTCOTT und HORT für diese Möglichkeit entscheiden und κακοπαϑίας schreiben (so B* und P).

κατάκριμα.

Das seltene Wort ist ausser Rom. 5,16.18, 8,1 nur Dion. Hal. 6, 61 nachgewiesen. Um so weniger dürfen folgende Stellen übersehen werden. In dem Kaufvertrag PER I (Faijûm, 83/84 n. Chr.) heisst es Zeile 15 f. von einem Grundstücke, es werde dem Käufer übergeben werden καϑαρὰ ἀπὸ παντὸς ὀφειλήματος ἀπὸ μὲν δημοσίων τελεσμάτων (16) πάντων καὶ [ἑτέρων εἰ]δῶν καὶ ἀρταβίων[2] καὶ ναυβίων καὶ ἀριϑμητικῶν καὶ ἐπιβολῆς κώμης καὶ κατακριμάτων πάντων καὶ παντὸς εἴδους, ähnlich Zeile 31 f. καϑαρὰ ἀ[πὸ] δημοσίων τελεσμάτων καὶ ἐπι[γρ]αφῶν πασῶν καὶ ἀρταβίων καὶ ναυβίων καὶ ἀριϑμητικοῦ (33) [καὶ ἐπιβ]ολῆς κ[ώμης καὶ κατακριμάτ]ων πάντων καὶ παντὸς εἴδους. Entsprechend steht in dem Kaufvertrag PER CLXXXVIII 14 f. (Faijûm, 105/106 n. Chr.) καϑαρὰ ἀπὸ μὲν δημοσίων τελεσμάτων πάντων καὶ ἐπιγραφῶν πασῶν (16) ...... ἐπιβολῆς κώ[μ]ης καὶ [κατα]κ[ρι]μάτων πάντων καὶ π[αντ]ὸς εἴδους. Offenbar steht κατακρίματα an diesen Stellen in einem technischen Sinne; es müssen irgend welche Belastungen eines Grundstückes gemeint sein. WESSELY übersetzt die erste Stelle so: *frei von jeder Geldschuld, frei von allen Rückständen der öffentlichen Umlagen aller Art, der Artaben-, Naubien- und Evidenshaltungssteuern, der Zuschläge der Ortsgemeinde, kurz allen Zahlungen jeder Art*; Zeile 33 desselben Papyrus gibt er [κατακριμάτ]ων durch *Steuern* wieder. Ob diese Übersetzungen richtig sind, möchte ich bezweifeln, ohne freilich selbst imstande zu sein, das Wort sicher zu erklären. Ich vermute jedoch, dass es eine durch ein richterliches Urteil erfolgte Belastung, eine *Servitut* bezeichnet. Vielleicht darf

---

[1] Näheres bei WINER-SCHMIEDEL § 5, 13 c (S. 44 f.).
[2] So, nicht ἀρταβιωτ[...] ist auch BU 233,11 zu lesen.

man übersetzen *gerichtliche Belastung*. In der Konsequenz dieses Gebrauches scheint mir die von früheren Lexikographen angenommene, von *Clavis*[8] und CREMER[8] nicht mehr berücksichtigte Bedeutung *poena condemnationem sequens* besonders Rom. 8ı zu liegen, vgl. Hesychius κατάκριμα· κατάκρισις, κ α τ α δ ί κ η.

μαρτυροῦμαι.

Im Sinne eines Ehrentitels *wohl bezeugt sein* steht das Wort, namentlich das Participium, oft in der Apostelgeschichte und anderen altchristlichen Schriften; ebenso schon IMAe 832ıı (Rhodos, vorchristlich?) von einem Athenepriester μαρτυρηθέντα καὶ στεφανωθέντα, 2ıʌ (Rhodos, 51 n. Chr.) καὶ μαρτυρηθέντων τῶν ἀνδρῶν jedenfalls in demselben Sinne. Auch in Palmyra finden wir diesen Ehrentitel: WADDINGTON 2606a (2. Hälfte des 3. Jahrh. n. Chr.) heisst es von einem Karawanenführer μαρτυρηθέντα ὑπὸ τῶν ἀρχεμπόρων.[1] Die Konstruktion mit ὑπό steht hier wie Act. Ap. 10ıı, 16ı, 22ıı. Ebenso in der Inschrift aus Neapel IGrSI 758 ı0 ſ. (2. Hälfte des 1. Jahrh. n. Chr.) μεμαρτυρημένον ὑφ' ἡμῶν διά τε τὴν τῶν τρόπων κοσμιότητα.

μετὰ καί.

Zu dem späten pleonastischen καί nach μετά Phil. 4ʙ[2] vergleicht BLASS[3] mit Recht σὺν καί Clem. 1 Cor. 65ı. In den Papyri ist mir für μετὰ καί nur BU 412ɞſ. (4. Jahrh. n. Chr.) aufgefallen; σὺν καί dagegen steht öfter, so in den Faijûmer Papyri BU 179ıɵ (Zeit des Antoninus Pius)[4], 515ıɷ (193 n. Chr.), 362 VIıø (215 n. Chr.).

ὀψώνιον.[5]

Stellen, die älter sind als Polybius († 122 v. Chr.), werden für die Bedeutung *Sold* in der *Clavis*[8], auch bei THAYER, nicht angegeben; erst wenn man, ihrem Hinweise folgend, bei STURZ,

[1] Ich citiere nach MOMMSEN, Römische Geschichte V[4], Berlin 1894, 429.
[2] Bibelstudien 58 Anm. 2.
[3] Gr. des Neutest. Griechisch 257.
[4] Berichtigte Lesung Nachtrag S. 357.
[5] Bibelstudien 145 f.

De dial. mac. 187 nachschlägt, findet man, dass nach Phrynichus bereits der Komiker Menander († 290 v. Chr.) das Wort so gebraucht haben soll. Bald darauf ist es in dem inschriftlich erhaltenen Vertrage des Königs Eumenes I. mit seinen Söldnern Perg. 13₇.₁₈.₁₄ (bald nach 263 v. Chr.) mehrfach zu lesen, immer im Singular. Man beachte Zeile ₇ die Verbindung ὀψώνιον λαμβάνειν wie 2 Cor. 11₈. In den Papyri wird der Singular vom *Soldatensold* gebraucht BU 69₈ (Faijûm, 120 n. Chr.), vom *Lohn* der ᵗᵈροφύλακες 621₁₉ (Faijûm, 2. Jahrh. n. Chr.), vom *Lohn* des Weinbergsschützen 14 V₁₀ (Faijûm, 255 n. Chr.), der Plural vom *Lohn* eines anderen Arbeiters ebenda VI₇; an der Stelle III₂₇ steht das Wort ebenso, aber abgekürzt, so dass man nicht erkennt, ob der Singular oder der Plural gewählt war.

πάρεσις.

Zu der für Rom. 3₂₅ wichtigen Bedeutung *Erlass* bemerkt CREMER[8] 467, das Wort komme so nur bei Dion. Hal. *Antt. Rom.* 7, 37 vor, wo es *Straferlass* bedeute. Im Sinne von *Erlass einer Schuld* (vergl. Zeile ₁₉ ἱερᾶς μὴ ἀμέλει ὀψιλῆ[ς] ᵐᶜ) steht es wahrscheinlich BU 624₂₁ (Faijûm, Zeit des Diokletian); es kann sich hier jedoch um einen zeitweiligen Erlass handeln. Der Sinn ist mir bei der knappen, an technischen Ausdrücken reichen Redeweise nicht völlig klar.

πατροπαράδοτος.

Die seither bekannten spärlichen Belege für das Wort 1 Pe. 1₁₈ sind zu erweitern durch Perg. 248₄₉ (135/134 v. Chr.): Attalos III. schreibt in einem Briefe an Rat und Volk von Pergamon, seine Mutter Stratonike habe τὸν Δία τὸν Σαβάζιον πατροπαράδοτον[1] nach Pergamon gebracht.

σμαράγδινος.

Von *Clavis*[8] ausser Apoc. Joh. 4₃ überhaupt nicht nachgewiesen. THAYER fügt Lucian hinzu. PER XXVII₈ (Faijûm,

---

[1] Stratonike stammte aus Kappadokien (FRÄNKEL S. 170).

190 n. Chr.) steht das Wort als Epitheton eines Frauengewandes, *smaragdgrün*.

τήρησις.

Wie Act. Ap. 4₃, 5₁₈ vom *Gefängnis* auch BU 388 III₇ (Faijûm, 2./3. Jahrh. n. Chr.) *ἐκέλευσεν Σμάραγδον καὶ Εὔκαιρον εἰς τὴν τήρησιν παραδοθῆναι.*

τόπος.

Zu Act. Ap. 1₂₅ *λαβεῖν τὸν τόπον τῆς διακονίας ταύτης καὶ ἀποστολῆς* vergleicht WENDT[1] Sap. Sir. 12₁₂. An dieser Stelle ist allgemein von dem *Platz* die Rede, den ein Mensch im Leben einnimmt. Instruktiver, weil es sich hier ebenfalls um eine *Stelle* innerhalb eines fest geschlossenen Kreises handelt, ist der technische Gebrauch des Wortes in einer Weihung der aus 35 oder 33 Mitgliedern bestehenden pergamenischen Genossenschaft der *ὑμνῳδοὶ θεοῦ Σεβαστοῦ καὶ θεᾶς Ῥώμης* Perg. 374 B₂₁ₐ. (Zeit des Hadrian) *τοῖς δὲ ἀν[α]παυομένοις εἰς λίβανον προχρήσει ὁ ἄρχων (δηνάρια) ιε′, ἃ ἀπολήψεται παρὰ τοῦ εἰς τὸν τόπον αὐτοῦ εἰσιόντος.*[2] FRÄNKEL S. 266 übersetzt: »Zu Weihrauch für die Verstorbenen soll der Beamte (der Eukosmos) 15 Denare vorschiessen, welche er von dem an Stelle des Toten in den Verein Eintretenden zurück erhalten soll.«

Zu *τόπος* vom *Sitzplatz* Luc. 14₁₀ vergl. Perg. 618 (Zeit?), wo *τόπος* wahrscheinlich den *Theaterplatz* bezeichnet; als sichere Fälle dieses Gebrauchs nennt FRÄNKEL S. 383 CIG 2421 = LEBAS II 2154 (Naxos); LEBAS 1724 c (Myrina) unter Verweis auf BOHN-SCHUCHHARDT, Altertümer von Aegae S. 54 No. 7.

---

[1] MEYER III ⁴/¹ (1888) 52.

[2] FRÄNKEL S. 267 bemerkt dazu, dass *εἰσιέναι εἰς τὸν τόπον* stehe wie *εἰσιέναι εἰς ἀρχήν* (z. B. Rede g. Neaira 72, Plutarch *Praec. ger. reip.* 813 D). *Ἀρχή* steht ebenso Judas ₆ cf. LXX Gen. 40₁₃.

Abkürzungen.

Bibelstudien S. VII.

BLASS, Gr. S. 2.

BU S. 7.

A. BUTTMANN S. 29.

CIA = *Corpus Inscriptionum Atticarum.*

CIG = *Corpus Inscriptionum Graecarum.*

CIL = *Corpus Inscriptionum Latinarum.*

Clavis S. 4.

CREMER S. 4.

DITTENBERGER = GUIL. D., *Sylloge inscriptionum Graecarum, Lipsiae 1883.*

FLECK. Jbb. = FLECKEISEN's Jahrbücher.

FRÄNKEL S. 6.

GGA = Göttingische gelehrte Anzeigen.

HApAT = Kurzgefasstes exegetisches Handbuch zu den Apokryphen des A. T., 6 Bde., Leipzig 1851—60.

HC = Hand-Commentar zum N. T.

IGrSI S. 23.

IMAe S. 6.

KENNEDY S. 40.

LEBAS = PH. LEBAS *et* W. H. WADDINGTON, *Inscriptions grecques et latines recueillies en Grèce et en Asie Mineure.*

MEYER = H. A. W. MEYER, Kritisch-exegetischer Kommentar über das N. T.

Notices XVIII 2 S. 29.

PER S. 7.

Perg. S. 6.

THAYER S. 4.

ThLZ = Theologische Literaturzeitung.

TU = Texte und Untersuchungen zur Gesch. d. altchristl. Literatur.

WADDINGTON, siehe LEBAS.

WINER-LÜNEMANN oder WINER' = G. B. WINER, Grammatik des neutestamentlichen Sprachidioms, 7. Aufl. von G. LÜNEMANN, Leipzig 1867.

WINER-SCHMIEDEL = dasselbe Werk, 8. Aufl. neu bearbeitet von P. W. SCHMIEDEL, I, Göttingen 1894; II 1, 1897.

Indices.

(Die Zahlen sind Seitenzahlen.)

I.

7

Δελματία 10.
δελματική 10.
δεξιὰν δίδωμι 78 f.
——ς δίδωμι 78 f.
δεξιὰν λαμβάνειν 79.
——ς λαμβάνειν 79.
Δερματία 10.
διαγέγραπται 78.
διακοίω 57.
δίδι 20.
διδοῦντος 20.
διδόω 20.
δίδω 20.
διδῶ 20.
δίδωμι 20.
διετία 86.
εἰς τὸ διηνεκές 79.
τὸ δοκιμεῖον 86 ff.
τὸ δοκιμῖον 86 ff.
τὸ δοκίμιον (?) 86 ff.
δοκίμιος 86 ff.
δόκιμος 88 ff.
Δορκάς 17.
δυεῖν 15.
δύνομαι und δύνω für
    δύναμαι 21.
δύο 15.
δυσί 15.
δύω (Zahlwort) 15.
δυῶν 15.

ε wechselnd mit α 10.
ἐάν 29 ff.
ἐάν mit Indikativ 29 f.
ἐάν für ἄν 3. 30 ff.
ἐβάσταζαν 19.
ἐγγαρεύω 10.
ἐγενάμην 18 f.
ἔγραψες 20.
ἐδείδι 20.
ἔθος 79.
κατὰ τὸ ἔθος 79.

εἰ μάν 86.
εἰ μή 34.
εἰ μή τι ἄν 32.
εἰ (εἰ?) μήν 33 ff.
εἰ μήν 34.
-εία 9 f.
εἰπόσει 30.
εἴρηκες 20.
εἰς 23. 25.
ἐκ τῶν τεσσάρων ἀνέ-
    εκλικμάω 53. [μων 75.
ἐκτένεια 90.
ἐκτενῶς 90.
ἔλαβα 19.
ἐλαιών 36 ff.
ἔλεγας 19.
ἔλειψα 18.
ἐμμένω (ἐν) πᾶσι τοῖς
    γεγραμμένοις 76 f.
ἐν 25 f.
ἐνγαρία 10.
ἐνώπιον 40 f.
ἐξέθετο 20.
ἐξέλαβα 19.
ἐξιλάσκομαι 52
ἐξιλάσκομαι ἁμαρτίαν 52.
ἐπῆλθα 19.
ἐπήλθασι 19.
ἐπήλθοσαν 19.
ἐπί 25.
τὸ ἐπιβάλλον μέρος 57.
ἐπιγένησις 12.
ἐπιγέννησις 12.
ἐπιδίδω 20.
ἐπιθυμητής 51.
ἐπικαλούμενος, ὁ 38.
ἐπικεκλημένος, ὁ 38.
ἐπιούσιος 41 f.
ἐπίσκοποι 57 f.
ἐπίσκοπος 57 f.
ἐπιτέτευχα 18.
ἔρχομαι 19.

ἐρωτάω 23 f.
-ες für -ας 20.
ἔσθησις 90.
ἔσχα 19.
ἑτοίμως ἔχω 80.
εὐάρεστος 42.
εὐαρέστως 42.
εὐίλατος 86.
ἔχω 19.

ζ wechselnd mit σ 13.
ζμύρνα 13.
Ζμύρνα 13.
Ζμυρναῖος 13.

ἦ μήν 34 ff.
ἦλθα 19.
ἥμισος 14.
ἡμίσους (Gen.) 14.
ἠνοίγην 17.
ἠνύγη 17.
ἦξα 18.
ἦρχες 20.
ἡρπάγην 18.

Θαρπ 17.
Θαρρα 17.
θεῖος 45.
θεολόγος 58 f.
θεύς 50.
τοῦ θεοῦ θέλοντος etc. 80.
κατὰ θυγατροποιΐαν 67.

ῑ = ιει 10 f.
-ια für -εία 9 f.
ιει = ῑ 10 f.
ἱερατεύω 42 f.
ἱλάσκομαι 52.
ἱλάσκομαι ἁμαρτίας 52.
Ἰσαακ 17.
Ἰσαχ 17.
Ἴσαχος 17.
Ἰωάνης 11.

καθαρίζω 43 f.
καθαρίζω ἀπό 44.
καθαρὸς ἀπό τινος 24.48.
καθὼς γέγραπται etc. 77 ff.
καί 93.
κακοπάθεια 91 f.
κακοπαθία 91 f.
καλείψῃ 20.
καλούμενος, ὁ 38.
καρπὸν σφραγίζομαι 65 f.
κατάκριμα 92 f.
κατέλειψα 18.
κατῆξα 18.
ἡ κυριακή (ἡμέρα) 45 f.
κυριακός 3. 44 ff.
κύριος 46.
ὁ κύριος 46.
ὁ κύριος ἡμῶν 46.
κωμάζω 64.

λαμβάνω 19.
λεγιών 37.
λεγόμενος, ὁ 38.
λέγω 19.
λείπω 18.
λικμάω 52 f.
λογεία 46 f.
λογία 47.
λούω 53 f.
λούω ἀπό 54.

μαρτυροῦμαι 93.
μάχω 29.
ἐκ τοῦ μέσου αἴρω 80.
μετὰ καί 93.
μεταδίδωμι ἐνώπιον 41.
μετεπιγέγραφαν 19.
μέτοικος 54.
μισθαποχή 56.

νεόφυτος 47 f.
νόμιμα 13.

ξενολογία 47.

οἶδες 20.
οἰκονομία 74.
ὁμολογία 77.
κατ' ὄναρ 81.
κατ' ὄνειρον 81.
ὄνομα 24 ff.
εἰς τὸ ὄνομά τινος 25.
τῷ ὀνόματί τινος 25 f.
ἐν τῷ ὀνόματί τινος 25 f.
ἐπ' ὀνόματος 25.
ὁπόταν mit Indik. 30. 32.
ὅταν mit Indikativ 30.
ὀφειλή 48.
ὀφείλω 19.
ὀφείλω ἁμαρτίαν 52.
ὀφίλατε 19.
ὄφιλεν 19.
-οὺς 16.
ὀψώνιον 93.
ὀψώνιον λαμβάνω 94.

π für ⊐? 17.
(παθώσω 20.)
παραγενάμενος 18.
παράδετε 20.
παραίτιος ἀγαθῶν 81.
παρακατατίθομαι 20.
πάρεσις 94.
παρέχομαι ἐμαυτόν 81 f.
παρίστημι θυσίαν 82.
πάροικος 54 f.
Παρταρᾶς 16 f.
πατροπαράδοτος 94.
πεῖν 10 f.
περιπατεῖν ἀξίως 22.
ἀπὸ πέρνσι 48 f.
πῖν 11.
πίνω 10 f.
πλῆθος 59 f.
πρᾶγμα 60.

πρᾶγμα ἔχω πρός τινα 60.
πρεσβύτεροι 60 ff.
πρεσβύτεροι ἱερεῖς 60 ff.
πρεσβύτερος 60 ff.
κατὰ τὰ προγεγραμμένα 78.
προγέγραπται 78.
προσεγαμοῦσαν 19.
μετὰ πάσης προθυμίας 82.
προσευχή 49 f.
προφήτης 62 ff.

σ wechselnd mit ζ 13.
-σιν für -ν 19.
Σεβ 46.
Σεβαστή 46.
σιφωνολογεία 46.
σμαράγδινος 94 f.
Σμύρνα 13.
Σμυρναῖος 13.
σουδάριον 50.
σπείρας 14.
σπείρης 14.
σπυρίς 13.
στρατεία 9 f.
στρατιά 9 f.
συμβούλιον 65.
ἐκ συμφώνου 82 f.
σὺν καί 93.
συνέσχαν 19.
σφραγίζω 65 f.
σφυρίδιον 13.
σφυρίς 13.
σφυρίτιν 13.

τ für ⊓ 17.
ταμεῖον 10.
ταμιεῖον 10.
-ταρι 17.
Ταραθ 17.
τέτευχα 18.

7*

II.

III.[1]

Papyri.

Berliner Aegyptische Urkunden
(die Nachträge sind nach Möglichkeit beachtet).

[1] Die Scheu vor einem Stellenindex habe ich dieses Mal überwunden.
Der Benutzer mache sich aber auf Enttäuschungen gefasst. Die citierten
Stellen aus klassischen Autoren sind nicht aufgeführt, da sie nur aus den
Wörterbüchern übernommen sind: auch die aus zweiter Hand citierten In-
schriften sind hier zum grössten Teil weggelassen.

15 I₁₇ 56	50₈ 24	113₁₁ 24
— II₁₀ 10	— ₁₈ 67	115 II₈₈ 18
— II₈₁ 66	— ₁₈ 67	131₈ 79
16 ₈ r. 61	61 I₈ 12	136₁₈ 78
— R₁₀ 90	64₈ 12	— ₈₈ 14
19 I₈₉ 56	67₈ 12	140₁₁ 10
21 II₈ 19	69₈ 13	— ₈₈ 10
— III₃₉ 10	— ₈ 94	142₁₈ 14
22 ₈ L 60	— ₁₉ 67	146₈ 19
26 [= 447]₁₈ . . . 14	71₈₁ 15	— ₈ r. 53
27₁₁ 80	72₈ 19	149₈ r. 63
28₁₉ 12	73₈ 14	153₁₄ 81
33₈ 85	75 II₁₈ 10	= ₈₁ 25
— ₁₈ 32	78₁₁ 14	156₈ 10
— ₈₁ 82	80 [= 446]₈ . . 11	157₈ 19. 85
34 23	= ₁₈ . . . . 82 f.	159₈ 20
= II₇ 10	= ₁₈ 32	— ₈ 21
— II₁₇ 10	— ₁₇ . . . 11. 80	161 [= 448]₁₄ . . 10
— II₉₉ 10	— ₁₈ . . . 11. 56	164₁₈ 18
— II₈₈ 10	— ₈₈ 32	166₇ 15
— III₈ 11	— ₈₉ 11	168₈₈ 56
— IV₈ 11	81₇ 12	— ₈₈ 57
— IV₁₀ 11	82₁₈ 79	171₈ 12
— IV₈₈ 11	86₈ 15	173₈ 17
36 [= 436]₈ . . 19. 83	— ₇ . . 18. 20. 32	176₁₈ 18
37₈ 36	— ₁₈ . . 18. 20. 32	177₇ 31
38₁₄ 20	— ₁₈ 32	— ₁₈ 24
— ₁₉ 20	— ₈₈ . . . 20. 32	179 67
39₈₈ 20	93₇ 10	— ₁₈ 93
44₈ 19	94₁₈ 24	— ₈₇ 67
— ₁₄ 20	96₈ 10	180₇ 86
— ₁₈ 20	— ₁₈ 79	— ₁₈ 10
— ₁₉ 55	97₈₁ 20	— ₁₁ 78
46₁₀ 85	101₈ 31	183 . . . . . 71 ff.
= ₁₁ 82	— ₁₈ 31	— ₈ 19
47₈ 17	103₈ 19	— ₈ 31
48₈ 29	— V₁ 15	= ₁₈ 18. 31
— ₁₈ 29	106₈ 10	= ₈₁ 14
— ₁₈ 29	110₁₄ 12	— ₈₈ 31
— ₁₁ 29	111₈₁ 12	— ₈₁ 14
49₈ 12	= ₁₈ 12	184₁₈ 24. 48
50₈ 67	112₁₁ . . . 24. 48	188₈ 12
— ₈ 36	113₈ . . . . 81 f.	189 R₁₁ r. 78

193	24	256	15. 25	316	33
— II	81	—	81	—	33
195	10	—	10	—	33
196 f.	55	260	31	—	33
197	15	261	34	326 I	32
=	31	—	20	— I	20
=	12	—	20	— II	32
=	24	—	19	— II	15
—	31	—	20	— II	17
208	15	—	20	— II	15
223 f.	14	— f.	20	328 I	19
226 f.	25	265	24 f.	— II	14
227	37	266 f.	45	332	18
231	25	272	67	336	12
233	92	—	67	340	19
—	32	—	67	341	18
234	57	275	19	347 I	85
—	57	277 I	38	— I f.	01
235	38	281	19	— I	79
236	32	— f.	55	= II	85
240	11	282	81	— II	79
—	24	—	15	348	33
—	80	—	12	—	33
241	14	—	37	=	21
—	32	— f.	37 f.	349 f.	38
—	32	—	15	350	20
—	32	—	32	—	81
246	21	—	32	360	20
247	13	288	65	361 III	85
=	13	290	84	362 VI	93
—	13	300	67	364	32
248 f.	80	—	29	367 u. d.	15
—	85	—	18. 32	372 II	33
— f.	80	—	67	379	30
—	32	301	18	—	36
=	66	—	67	380	32
249	80	303	17	387 I f.	61
—	66	—	32	388 I	25
250	79	—	15	— II	21
251	19	— V.	32	— II	80
—	31 67	305	17	= II	85
252	67	308	29	— II	25
=	31 78	316	34	= III	95

392 8 f. 61	511 16 65	578 3 f. 41
394 14 f. 55	515 6 19	581 4 10
395 7 15	— 18 19	— 11 10
401 10 15	— 11 93	584 8 f. 56
405 10 70	526 18 f. 38	585 II 8 15
411 8 12	529 8 12	592 I 8 10
412 8 f. 63	530 11 19	595 8 19
417 8 f. 24	531 II 1 40	— 10 36
419 8 f. 57	— II 8 f. 25	597 8 . . . . . 29 f.
— 11 33	— II 17 18	— 11 19
423 8 19	— II 22 51	600 8 77
— 11 24	— II 84 85	601 11 11
— 10 80	536 8 24	602 8 20
432 II 2 32	— 8 f. 48	607 11 18
433 8 f. 61	538 8 15	612 8 f. 50
— 8 f. 61	— 8 31	613 8 56
436 cf. 30.	— 16 f. 16	— 18 51
444 7 31	542 18 32	— 88 10
446 cf. 60.	543 8 ff. . . . 34 f.	614 11 f. 57
447 cf. 26.	— 8 . . . . 29. 31	— 11 . . . . 10. 21
448 cf. 161.	551 8 11	615 8 f. 80
449 8 19	562 11 19	— 11 f. 80
451 8 19	563 I 8 48	619 1 33
456 8 61	— I 14 48	620 11 45
— 16 f. 80	— I 16 48	621 18 94
464 7 18	— II 8 48	624 11 24
— 11 18	— II 18 48	— 11 . . . . 48. 94
467 8 18	565 11 48	— 11 94
484 8 15	566 8 48	625 14 10
488 8 f. 63	578 1 41	
490 8 18	— 8 41	

Papyri des Erzherzogs Rainer.

I . . . . . 71 ff.	I 16 . . . . 18. 31	IV 11 81
— 8 10	— 11 67	— 11 f. 78
— 7 15	— 80 10	— 11 31
— 11 23	— 81 f. 92	— 11 78
— 18 10	IV 71	— 80 74
— 16 f. 92	— 1 74	IX 8 67
— 11 24	— 8 81	— 8 67
— 19 31	— 11 31	— 10 56

Pariser Papyri.

Turiner Papyri.

Inschriften.

Inschriften von Pergamon.

Inschriften der Inseln des Ägäischen Meeres.

Corpus Inscriptionum Graecarum.

Varia.

[1] S. 91 Z. 12 v. u. lies 246 st. 247.

Bibelstellen.[1]

(Griechisches Altes Testament mit Apokryphen, Neues Testament).

---

[1] Nicht zu allen behandelten Formen und Wörtern sind die Stellen angegeben, vergl. die Bemerkung S. 14.

109

Rom.

3 ₆₆ 94
5 ₁₀ . . . . . 92 f.
— ₁₀ . . . . . 92 f.
8 ₃ . . . . . 92 f.
— ₆₆ 81
12 ₁ 82
15 ₁₆ 86
— ₆₆ . . . . . 65 f.
16 ₃ 15
— ₇ N A B 19

Col.

1 ₁₆ 51. 75
2 ₁₆ G7. 80

Phil.

1 ₄ 78
— ₆ 81
2 ₃ 84
4 ₃ 93
— ₁₀ 5G. 86

1 Tim.

2 ₁ 78
— ₆ 83
3 ₆ . . . . . 47 f.

2 Tim.

4 ₁₀ CA 10

Tit.

2 ₄ 83
— ₁ 81
— ₆ 28

Johannes Evangelium

6 ₁₁ 85
8 ₃ 39

Briefe

I 4 ₁₆ 27
III ₆ . . . . . 75 f.

Apokalypse

2 ₁₀ 15
3 ₃ 24
4 ₃ . . . . . 94 f.
11 ₁₃ 24
— ₁₃ 17
13 ₁₁ ff. . . . . 68 ff.
— ₁₆ f. . . . . 68 ff.
15 ₆ 17
21 ₆ N°A 19

Episteln Jacobus

1 ₆ . . . . . 86 ff.
2 ₃ 78

[3. Johannes]

3 ₁₆ 22
5 ₁₀ . . . . . 91 f.
— ₁₀ A 26

1 Petrus

1 ₁ . . . . . 86 ff.
— ₁₃ 94
2 ₃ 84
— ₆ 86
— ₁₁ 22
4 ₃ 80
— ₁₆ (ἀλλοτριοεπ.) . 51

2 Petrus

2 ₃ 18

Judas

₆ 95

Hebräer

2 ₁₁ 52
6 ₃ 80
— ₁₄ . . . . 33 ff.
— ₁₆ 56
7 ₁₆ 55
8 ₃ 18
9 ₁₄ 44
— ₆₆ . . . . 55 f.
13 ₁₆ 22

Didache 13 ₆ . . . G3